SERVICE GÉOGRAPHIQUE DE L'ARMÉE

CATALOGUE-GUIDE

DU

MUSÉE DES PLANS-RELIEFS

(Hôtel National des Invalides)

PARIS

IMPRIMERIE DU SERVICE GÉOGRAPHIQUE DE L'ARMÉE

140, Rue de Grenelle

1928

CATALOGUE-GUIDE

DU

MUSÉE DES PLANS-RELIEFS

(Hôtel National des Invalides)

FRAGMENT DU PLAN-RELIEF
DU
MONT SAINT-MICHEL (1701)

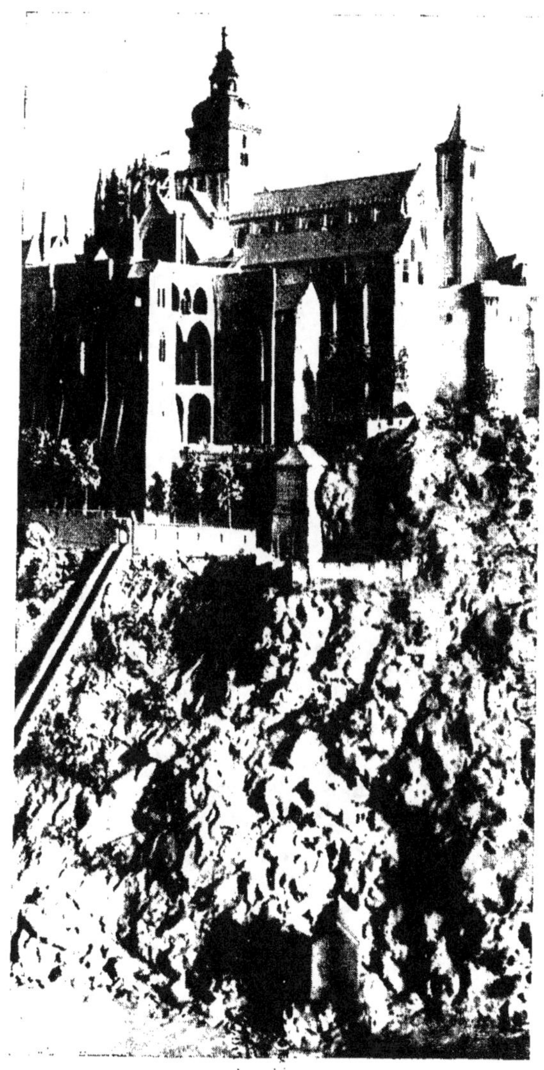

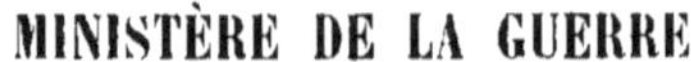

CATALOGUE-GUIDE

DU

MUSÉE DES PLANS-RELIEFS

(Hôtel National des Invalides)

PARIS

IMPRIMERIE DU SERVICE GÉOGRAPHIQUE DE L'ARMÉE

1928

La Collection des Plans-Reliefs des places fortes a été classée parmi les monuments historiques par décision du Ministre de l'Instruction Publique et des Beaux-Arts, en date du 22 Juillet 1927.

AVANT-PROPOS

La visite de la collection des Plans-reliefs des Places fortes était autrefois réservée à quelques privilégiés.

Les modifications survenues dans l'Art de la Guerre ayant fait perdre à ces plans, avec leur intérêt militaire, tout caractère secret, les salles renfermant les reliefs ont été, depuis 1920, librement ouvertes au public.

Une décision prise tout récemment par le Ministre de l'Instruction Publique et des Beaux-Arts classant la plus grande partie des pièces de la collection comme monument historique, l'a en quelque sorte placée dans les mêmes conditions que les autres musées nationaux.

Le nombre de ses visiteurs, d'abord très restreint, s'est accru d'année en année, surtout depuis l'ouverture d'une nouvelle entrée permettant d'y accéder par le Musée de l'Armée, et ses salles, autrefois désertes, sont aujourd'hui parcourues par un public de plus en plus nombreux.

Jadis, quand une personne dûment munie d'une autorisation spéciale se présentait, le personnel lui faisait les honneurs de la Galerie, lui montrait les plans et lui donnait toutes les explications nécessaires. Il ne saurait plus être question évidemment de procéder ainsi aujourd'hui et il a fallu songer à guider le public à travers les immenses salles du musée, à lui en faciliter la visite.

Une première mesure a été prise dans ce sens en 1927, en groupant les plans, précédemment exposés au hasard de leur construction et des aménagements successifs des salles, par régions géographiques. Mais elle ne suffisait pas et la publication d'une brochure explicative s'imposait d'une façon d'autant plus impérieuse et plus urgente qu'aucun guide de Paris, paru jusqu'à ce jour, n'a encore donné de description du nouveau musée.

C'est pour combler cette lacune que le présent catalogue a été établi avec la collaboration particulièrement éclairée de M. Gaston Renault, le dévoué conservateur de la Galerie.

Il comprend essentiellement, outre un aperçu his-

torique et un répertoire des plans par salles, une série de notices explicatives pour la rédaction desquelles il a été fait largement appel aux études antérieures et notamment à celle publiée en 1900 sous la direction du lieutenant-colonel Prudent, alors conservateur.

Ces notices ont pour objet de placer chacun des plans et modèles exposés dans son cadre historique et géographique ; elles contribueront ainsi à augmenter l'intérêt que présentent par eux-mêmes les admirables ouvrages de cette belle collection.

APERÇU HISTORIQUE

La Collection des Plans-Reliefs des Places fortes a été créée en 1668 par Louis XIV sur la proposition de Louvois.

Le grand roi, dont le règne est marqué par l'aménagement de presque toutes les places de guerre de France et la conquête d'un grand nombre de villes étrangères, aimait à consulter ces reliefs qui, en lui présentant les forteresses d'une manière saisissante, lui permettaient de bien se rendre compte des projets conçus soit pour les attaquer, soit pour en améliorer les défenses.

Il avait fait exposer ces plans, pour qu'ils puissent être facilement examinés, dans la grande « Galerie du bord de l'eau » qui servait alors de communication entre le Louvre et le palais des Tuileries, galerie qui est actuellement affectée au musée de peinture.

La garde en était confiée à un Ingénieur-résident. Le premier dont le nom nous soit connu est l'ingénieur Berthier, qui occupait ce poste en 1696. Son service fut réuni en 1704 à celui des travaux de la Bastille, et le nouvel emploi fut confié à l'ingénieur en chef Mazin, qui le conserva jusque vers 1716.

Dès l'origine, on eut l'heureuse idée de construire tous les reliefs à une échelle uniforme, la même pour l'altimétrie et la planimétrie. Cette échelle, qui était 1 pied pour 100 toises, soit 1/600ᵉ a toujours été conservée depuis cette époque pour la représentation des places fortes. Il y eut cependant quelques exceptions à cette règle et certains reliefs d'étude, notamment, furent construits à une échelle plus grande.

Il semble bien que le premier plan qui ait figuré dans la collection fut un relief de NARBONNE au 900ᵉ établi en 1665 par François Andréossy (1). En très

---

(1) C'est, on le sait, sur les plans de François Andréossy que Riquet entreprit le canal du Midi.

Le programme des études théoriques et pratiques de cette école comportant le tracé des épures des systèmes de Vauban et la construction de leurs modèles, Nézot et Larcher-Daubancourt exécutèrent sous les yeux des élèves, à titre de démonstration, le relief de SAINT-OMER. Ce plan est le dernier qui fut construit loin de Paris. En 1756, un atelier spécial pour la construction et la réparation des reliefs fut définitivement établi au Louvre, à l'extrémité de la Galerie contiguë au pavillon de Flore et au *Salon* de l'Infante où se tenaient alors des expositions annuelles de peinture. Cette année-là, le FORT SAINT-PHILIPPE, à PORT-MAHON (Baléares) ayant été brillamment enlevé, Larcher-Daubancourt fut chargé d'en exécuter le relief. Après s'être rendu sur place pour y faire les levés, profils et dessins nécessaires, cet ingénieur construisit dans le nouvel atelier le plan en question, qui fut ainsi le premier établi à la Galerie même (1).

On fit également à la même époque, pour le duc de Parme, un « plan-relief d'une place de guerre avec toute son artillerie ». Cet ouvrage devait être très important si l'on en juge par le transport qui eut lieu en 1761, et qui exigea « 46 caisses d'un volume extraordinaire » et coûta 10.104 livres.

C'est pendant l'exécution de ces travaux, en janvier 1758, que Larcher-Daubancourt fut chargé, sous les ordres de l'Ingénieur en chef de la Bastille, d'assurer la conservation des plans-reliefs ; il succédait à l'ingénieur Mazin de Luzard qui occupait ce poste depuis 1741. Lorsqu'il prit ses fonctions, le marquis de Paulmy, ministre de la Guerre, en lui remettant la clef de la Galerie, lui rappela qu'il avait toujours été défendu d'y laisser entrer qui que ce soit sans la permission écrite du roi et que cette interdiction ne comportait aucune exception.

Larcher-Daubancourt conserva la direction de la Galerie pendant trente-quatre ans, jusqu'en 1791, après être devenu lui-même Directeur des travaux de la Bastille et des Plans-Reliefs. Il fit procéder à une restauration complète de ces plans, alors en très mauvais état, opération qui se poursuivit pendant une trentaine d'années.

_____

(1) Le plan du Fort Saint-Philippe, en très mauvais état et jugé irréparable, a dû être détruit il y a quelques années.

En 1774, la collection comptait 127 pièces figurant, non seulement la plupart des places fortes de France et des Etats voisins, mais encore des villes d'outre-mer comme Québec, Montréal et Louisbourg.

Le nombre de reliefs qui nous restent du règne de Louis XV est relativement peu élevé malgré la production intensive de l'époque. C'est qu'en effet tous les plans construits ne vinrent pas au Louvre : un certain nombre d'entre eux demeurèrent dans les châteaux ou maisons royales où ils furent exposés lors de leur achèvement : à Versailles, à Saint-Germain, à Fontainebleau, etc... D'autres plans furent détruits lors du transfert de la collection aux Invalides dont il est question plus loin : enfin quelques-uns ont été remplacés par des constructions plus récentes et plus perfectionnées.

* *

C'est au début du règne de Louis XVI que la collection des Plans-reliefs a été transférée dans les combles de l'Hôtel des Invalides où elle est encore exposée actuellement.

La Galerie du Louvre qu'elle occupait depuis sa création avait été mise régulièrement à la disposition de l'Administration de la Guerre en 1706, mais cette enclave dans un domaine ressortissant des « Bâtiments du Roi » était la cause de conflits fréquents entre les deux Départements ministériels.

Cet état de choses s'était aggravé depuis 1754, l'Administration des bâtiments ne se souciant nullement d'assurer l'entretien de la Galerie dont elle ne disposait pas. Les réparations les plus essentielles étaient refusées et les plans subissaient les plus grands dommages du fait du mauvais état dans lequel étaient laissées les toitures.

A l'avènement de Louis XVI, le comte d'Angivillers, Directeur des bâtiments, appuyé par les architectes Soufflot et Gabriel, réussit enfin à obtenir de rentrer en possession de la Grande Galerie. Pour la libérer, la collection des Plans-reliefs devait être détruite ou dispersée !

Cependant le Roi, sur l'avis du ministre de la Guerre, le Maréchal de Muy, qui l'avait visité et en

avait reconnu l'importance, décida qu'elle ne serait
que déplacée (1).

L'instruction adressée à ce sujet à Larcher-
Daubancourt porte la mention manuscrite suivante,
de la main de Louis XVI lui-même : « Je n'entends
pas que par trop de précipitation on expose ces plans
à être détériorés. » La collection, ainsi protégée par
la volonté royale était sauvée.

Après avoir envisagé divers emplacements pour la
réinstaller, on s'arrêta aux combles de l'Hôtel des
Invalides. Mais ceux-ci n'étaient alors que de véri-
tables greniers et il en coûta cent mille livres au
Trésor royal pour en transformer la partie située à
l'Ouest de la cour d'honneur en vastes salles man-
sardées pourvues de plafonds et de carrelages.

Le transfert des plans, entrepris en 1776, ne dura
pas moins de six mois et ne fut terminé qu'en mars
1777. Les reliefs furent transportés sur des charrettes
escortées par des Suisses et il fallut un millier de ces
voyages pour vider la Galerie : on fut même obligé
d'ouvrir des brèches dans les toitures du Louvre pour
déménager les morceaux très volumineux de certains
reliefs — tel le Fort Saint-Philippe — qui avaient
été construits sur place.

---

(1) Voici quelques extraits d'une curieuse lettre que Larcher-
Daubancourt écrivit au sujet de cette affaire et qui figure aux archives de la Galerie :

A Paris, ce 17 août 1774.

... Il y a apparence que la visite que M. du Muy a faite à la
Galerie a été avantageuse pour la conservation des plans. Je m'étais
toujours flatté que lorsqu'il verrait cette collection, il jugerait par
lui-même de la nécessité de conserver un dépôt aussi précieux et lorsqu'il les vit, il était peint sur son visage qu'il n'en connaissait pas le
prix ni la valeur et n'eut pas de peine à voir que ce dépôt pourrait
faire l'admiration et l'étonnement de tous les princes et seigneurs de
l'Europe qui viennent à Paris.

Nous ne devons, à ce que je viens d'apprendre depuis quelques
jours, le fatal moment de la destruction de nos plans qu'à MM Gabriel et Soufflot qui ont persuadé à M. le Contrôleur général, aussitôt
qu'il est entré à la tête des bâtiments du Roy, que nos plans n'étaient
que des colifichets qui ne méritaient pas d'être conservés, et cela pour
avoir la Galerie. M. le Contrôleur, qui ne s'y connaît pas en fortification et qui ne connaît pas le prix de cette Galerie, n'eut pas de peine
à se laisser persuader par ces messieurs.

. . . .

.. Si j'avais pu vous voir, je vous aurais encore conté et fait
connaître plusieurs autres mauvaises pensées de la part de MM. des
bâtiments, et tout cela pour surprendre et enjuponner le Ministre...

Les plans souffrirent beaucoup de ce déplacement et douze d'entre eux furent irrémédiablement perdus, notamment ceux de Québec et de Montréal qui présenteraient actuellement un si grand intérêt historique. Pendant vingt ans tout le personnel dut être occupé aux réparations et c'est ainsi qu'aucun relief nouveau ne put être construit durant tout le règne de Louis XVI.

Dès que la collection fut installée dans ses nouveaux locaux, toute la Cour voulut aller la voir et ce fut à partir du 20 mars 1777 un défilé continuel de visiteurs de qualité parmi lesquels on peut citer notamment l'empereur Joseph II, frère de la reine (20 avril) et les Dames de France, tantes de Louis XVI (25 septembre).

Aux Invalides d'ailleurs, comme au Louvre, il fallait la permission royale pour visiter la Galerie. La dernière de ces autorisations, signée de la main de Louis XVI, a été accordée au Maréchal de Rochambeau et sa Compagnie ; elle est datée du 23 mars 1792.

*
* *

Suivant le vœu exprimé par l'Assemblée Constituante le 9 juin 1790, la loi du 10 juillet 1791 créa le *Comité des Fortifications* et décida que, pour faciliter les opérations de ce Comité, il serait formé un *Dépôt* de tous les mémoires, plans, cartes et autres objets dépendant du Corps du Génie sous le nom d'*Archives des Fortifications*. Ce Dépôt devait être dirigé par un Lieutenant-Colonel du Génie qui serait également chargé de la conservation et de l'entretien des Plans-reliefs. Le premier Directeur des deux services réunis fut le Lieutenant-Colonel d'Assigny. Un de ses successeurs, en 1793, fut Carnot jeune (Claude-Marie), frère du grand Carnot.

L'Hôtel des Invalides ayant reçu, au début de 1792, une organisation particulière, une Loi du 18 juillet de la même année précisa « que le Dépôt des plans-» reliefs renfermé dans la Galerie des Invalides con-» tinuerait à être confié au Ministre de la Guerre » et que l'entretien en serait ordonné sur les fonds » affectés à ce Département ».

La construction des plans, abandonnée depuis vingt ans, fut reprise en 1794 par l'établissement d'un relief au 600ᵉ de Toulon — alors « le Port de la Montagne » — ordonné le 11 pluviôse, an II (30 janvier 1794) par Bouchotte, Ministre de la Guerre, à la demande de la Convention Nationale, pour commémorer le siège victorieux de cette place.

Le curieux rapport de Carnot jeune, proposant cet ouvrage, donne une idée de l'intérêt que présentaient alors les plans-reliefs.

« La Convention, écrit-il, dans sa séance du 24 fri-
» maire a invité tous les artistes à élever des monu-
» ments à ce triomphe des hommes libres sur les
» esclaves. Le monument dont il est question, non
» seulement remplirait ce but en consacrant à la
» postérité le tableau le plus vrai et le plus fidèle de
» cette conquête, mais il serait encore très utile aux
» travaux ultérieurs que l'on médite sur ce boulevard
» de la République et qui sont absolument néces-
» saires pour nous assurer la possession de ce vaste
» et superbe arsenal de nos forces maritimes. Un
» plan en relief déciderait de toutes les questions
» relatives au terrain qu'il s'agit d'occuper et de
» défendre et mettrait à même de se prononcer enfin
» sur le système défensif qui leur convient. »

Cet important ouvrage fut exécuté sous la direction de Joseph Gengembre, habile artiste qui occupait depuis trente ans le poste de conservateur et chef des travaux de la Galerie. Il fut achevé en 1800.

En même temps que le plan de Toulon, les artistes de l'atelier exécutèrent un système de fortification de Carnot aîné, les batteries blindées de son frère et un relief d'attaque pour l'École d'artillerie de Châlons.

Le 25 messidor an III (13 juillet 1795), le Comité de Salut Public « considérant que le local affecté
» au dépôt des plans-reliefs est trop resserré et qu'il
» n'y existe pas le moindre espace pour loger les
» nouveaux plans ou modèles ordonnés... et que le
» plan de Toulon ne pourrait y être installé qu'en
» en faisant disparaître plusieurs autres », décide que la Galerie serait agrandie en aménageant les greniers disponibles situés au Sud de la Galerie Louis-le-Grand.

C'est également sur son ordre que furent placés dans la toiture les châssis vitrés qui déparent bien un peu l'aspect extérieur de l'Hôtel des Invalides mais assurent un bel éclairage aux plans exposés. Ceux-ci, en effet, ne recevaient jusqu'alors de lumière que par les œils-de-bœuf de Mansard.

Si on apportait ainsi tant de soin à l'installation des plans-reliefs, c'est que la Convention, adoptant en cela la conception de la royauté, considérait leur collection comme « une sorte de musée militaire », placé près du Gouvernement et destiné, ainsi que l'écrivait son rapporteur, à « lui présenter des notions aussi » simples qu'exactes sur les places fortes de France » et de l'étranger et sur leurs moyens d'attaque et » de défense ». Le Ministre de la Guerre fit d'ailleurs ouvrir plusieurs fois la Galerie à partir de l'an ii aux députés de la Convention et aux Généraux de la République. En mars 1799, mille cartes d'entrée, imprimées sur son ordre, furent réparties entre les membres du Directoire, les Généraux et les Représentants du peuple. Ce fut l'origine des expositions annuelles qui se poursuivirent jusqu'en 1914.

En l'an ix, la Galerie s'enrichit d'une série de modèles de machines et de constructions militaires et de quelques réductions au 200ᵉ des divers systèmes de fortifications connus, depuis celui du chevalier de Ville ; en 1809, on comptait 22 de ces pièces. La première de ces collections annexes, qui n'intéressait que les spécialistes, a été répartie en 1872 et 1873 entre le Musée d'artillerie et l'Ecole d'application de Fontainebleau ; la seconde a été poursuivie jusqu'en 1880, mais, faute de locaux suffisants, elle n'est pas exposée actuellement.

En 1802, le Comité des Fortifications décida qu'il serait exécuté un relief d'une grande place du Nord conquise par nos armées. La forteresse de LUXEMBOURG fut « choisie comme l'une des plus intéressantes, tant par la variété du site que par la beauté de ses ouvrages ».

Le Directeur du Dépôt des Fortifications désigna, pour exécuter ce travail, Boitard (Martin), artiste remarquable par ses connaissances et et son talent, qui fut envoyé dans la place pour y recueillir les documents nécessaires.

Cet artiste est également l'auteur des curieux

reliefs du Pont de Lodi et des trois simulacres d'attaque qui ne manquent pas de retenir l'attention des visiteurs du musée.

* * *

Napoléon Iᵉʳ, que rien de ce qui touchait l'Art de la guerre ne pouvait laisser indifférent, devait naturellement s'intéresser aux plans-reliefs.

Il songea même à les replacer au Louvre, les jugeant trop à l'étroit dans les locaux qu'ils occupaient. Cette solution ayant été jugée impraticable, il fit aménager pour eux tous les autres greniers des Invalides, à l'exception de ceux des bâtiments regardant l'Est qui furent réservés pour le Service de l'Hôtel. Cette nouvelle installation donna au Musée, trois immenses salles neuves, des ateliers plus vastes et plus clairs et des logements pour le personnel qui comprenait en 1813, outre le conservateur et un surveillant général, treize artistes, employés ou ouvriers.

La sollicitude de l'Empereur devait évidemment favoriser l'accroissement de la collection qui s'enrichit, sous son règne, des grands reliefs de Brest, de Cherbourg, du Mont-Cenis, exécutés sur ses ordres, et de divers modèles de forts et de redoutes qu'il avait l'intention de faire construire pour la défense des côtes.

Ces modèles, transportés aux Tuileries, servirent à la discussion des projets présentés aux *Conseils du Génie* que l'Empereur présidait en personne. En 1812, il s'y fit présenter le beau relief de La Spezia, position pour l'aménagement de laquelle il envisageait de vastes travaux. Ce plan, à l'échelle du 1.000ᵉ, est en même temps qu'une œuvre d'art, un remarquable monument de la topographie ; c'est, en effet, le premier relief construit d'après des levés très précis en courbes horizontales, exécutés par la brigade topographique du Génie.

Voici une anecdote qui montre bien l'intérêt que Napoléon attachait à ces ouvrages. Au cours d'une visite qu'il faisait à la Galerie, le 6 mars 1813, l'Empereur, s'arrêtant devant le plan de Brest qui venait d'être achevé, ne put cacher son admiration et s'écria: « Voilà un beau, un magnifique ouvrage ! C'est beau, c'est très beau ! Où est l'impératrice ? Allez chercher l'impératrice, dites-lui qu'elle n'a jamais rien vu de comparable ! »

On peut dire que tout ce que le monde comptait, sous l'Empire, d'hommes remarquables ou distingués par le rang, l'emploi ou les connaissances, souverains, princes, généraux célèbres, etc..., visita la Galerie.

Malheureusement, cette célébrité devait lui être fatale. Lorsque, en 1815, les Alliés occupèrent Paris, les Prussiens, qui s'étaient installés aux Invalides, agissant suivant les habitudes un peu cavalières de l'époque, jugèrent intéressant de se l'approprier. Dix-neuf reliefs prirent ainsi le chemin de Berlin, où la plupart sont encore exposés ; ce sont les plans de STRASBOURG, FORT LOUIS-DU-RHIN, LANDAU, SARRE-LOUIS, BITCHE, THIONVILLE, LONGWY, MÉZIÈRES, SEDAN, GIVET, PHILIPPEVILLE, MAUBEUGE, AVESNES, LE QUESNOY, CONDÉ, VALENCIENNES, CAMBRAI, LILLE, LES ÉCLUSES DE GRAVELINES (1).

Le musée aurait été probablement enlevé en entier s'ils n'avaient commis la maladresse de vouloir s'emparer d'un modèle de front des fortifications d'Alexandrie qui était précisément en construction pour le compte de l'Empereur de Russie. Le conservateur, par l'intermédiaire du Général Siewers, commandant le Génie de l'Armée russe, fit saisir de l'incident le tsar Alexandre Ier, dont l'intervention arrêta la spoliation et sauva la Galerie d'une ruine complète. En reconnaissance du service ainsi rendu, un modèle de front de fortification à la Cormontaingne fut offert en octobre 1816 à l'Ecole du Génie de Saint-Pétersbourg.

A cette époque, le Musée perdit encore quelques plans rendus à la Hollande et au Piémont à qui ils avaient été précédemment enlevés.

*
* *

Depuis lors, de nouveaux reliefs, qui masquent heureusement les pertes subies, ont été construits

---

(1) Et deux reliefs à petite échelle, l'un des lignes de Wissembourg, l'autre de Neufbrisach, non portés sur le reçu délivré au conservateur par le major prussien qui procéda à l'enlèvement.

avec une perfection toujours croissante en raison des progrès réalisés dans les procédés techniques. C'est ainsi que, jusqu'en 1870 furent établis les plans de CHERBOURG (terminé en 1819), BAYONNE, METZ (encore inachevé), FORT DE JOUX, AVESNES, BITCHE, MAUBEUGE, CITADELLE D'ANVERS (après le siège de 1833), STRASBOURG, MARSAL, SEDAN, FORT L'ECLUSE, MONT-VALERIEN (pour l'instruction du Comte de Paris), GRENOBLE, partie de ROME assiégée en 1849, LAON, TOUL, VERDUN, LES ROUSSSES, etc...

Au cours de la période de 1816 à 1870, la Galerie continua à être fort en honneur et reçut la visite d'un grand nombre de souverains ou de personnages notoires. En 1816, c'est l'ambassadeur d'Autriche qui parcourt ses salles ; le 30 juillet 1825, la duchesse de Berry y passe toute un après-midi « désignant à son oncle, le prince de Salerne, les places frontières les plus voisines de l'Italie » ; le 26 mai 1853, le duc de Gênes, conduit par le prince Jérôme Napoléon s'intéresse vivement aux reliefs de Rome, Constantine et Cherbourg; en 1855, le roi de Sardaigne, en 1860, les ambassadeurs du Maroc, puis l'année suivante, le roi du Portugal et ses deux fils viennent successivement la parcourir ; en 1865, l'Empereur Napoléon III « s'arrête particulièrement devant le château de Ham » ; la même année, le roi des Pays-Bas, le prince et la princesse de Hohenzollern s'y rendent également. En 1867 — année de l'Exposition internationale — la Galerie est particulièrement visitée, notamment par le tsar Alexandre II accompagné des Grands-Ducs et par l'Empereur d'Autriche François-Joseph avec les Archiducs. En 1868 le Prince impérial y est conduit par le Général Frossard ; puis viennent successivement : le comte et la comtesse de Flandre, frère de Léopold roi des Belges, le prince des Asturies Alphonse fils de la reine Isabelle, etc...

Pendant la guerre de 1870-71, les archives de la Galerie furent envoyées à Brest et les plans murés, pour éviter le retour d'événements semblables à ceux de 1815. Les reliefs des provinces perdues restèrent dans cet état après le traité de Francfort, jusqu'en 1919, époque à laquelle ils revirent le jour grâce au traité de Versailles.

* *
*

Après 1870, le système des camps retranchés ayant fait abandonner celui des villes fermées, le Général Doutrelaine, directeur du Dépôt des fortifications, décida que les ateliers de la Galerie ne construiraient plus de plans de places fortes au 600ᵉ.

On y restitua d'abord les systèmes de fortifications modelés en bois dont les originaux furent cédés, comme il a été dit précédemment, en 1872 et 1873 ; on y construisit ensuite, pour l'instruction des Ecoles militaires et des Corps de troupe, divers modèles de fortification reproduits en plâtre et dont la collection se trouve actuellement dans la salle Vauban ; enfin, en 1881, on entreprit l'exécution de plans directeurs en relief au 20.000ᵉ des grands camps retranchés : TOUL, VERDUN, EPINAL, BELFORT, etc...

Ce dernier travail, qui s'est poursuivi jusqu'en 1914, consistait à reproduire en relief, pour les besoins du Commandement, les plans directeurs établis à cette échelle autour des positions fortifiées par la Section des levés de précision du Service Géographique de l'Armée. Des spécimens de ces belles cartes en relief, d'une exactitude mathématique en ce qui concerne les formes du terrain, sont exposés dans les salles d'Arçon (TOUL, VERDUN, BELFORT, etc...) et d'Asfeld (ALGER, BIZERTE).

Ces divers ouvrages, exécutés en vue de satisfaire des besoins d'actualité, avaient modifié profondément le caractère de la Galerie des Plans-reliefs. Elle fut, en 1886, rattachée au Service Géographique de l'Armée (alors Dépôt de la Guerre), tout en gardant cependant une certaine autonomie jusqu'au départ, en 1901, du Lieutenant-Colonel Prudent, conservateur qui ne fut pas remplacé.

L' « Atelier » devint alors le « Service des plans directeurs en relief », auquel fut annexée la collection des anciennes places fortes, dont l'intérêt militaire diminuait chaque jour.

La collection historique ayant perdu, avec son conservateur, les crédits particuliers qui lui étaient affectés, le Service Géographique dut se borner à l'entretenir dans le meilleur état possible avec ses propres moyens. Elle fut même plusieurs fois, au cours de ce dernier quart de siècle, menacée de destruction comme il y a cent cinquante ans, parce qu'on estimait que ces plans, désormais sans utilité immédiate, occupaient de trop vastes locaux.

Il n'est pas besoin de démontrer combien est spécieuse cette thèse qui serait la condamnation de presque tous les musées. D'ailleurs, s'il est exact que la collection des Plans-reliefs ne peut plus rendre de services au point de vue militaire, elle a acquis, par contre, un intérêt considérable au point de vue historique ; elle présente, en outre, un caractère artistique indiscutable.

C'est pourquoi le Ministre de l'Instruction Publique et des Beaux-Arts, mettant fin à cette situation un peu délicate vient, par décision en date du 22 juillet 1927, de classer comme monument historique les plans-reliefs des places fortes.

Avec les travaux plus récents dont nous avons parlé plus haut, exécutés depuis 1870, cette belle collection constitue maintenant un Musée public d'un très haut intérêt, qui évoque d'une manière saisissante tout le passé glorieux de la France.

DESCRIPTION SOMMAIRE DU MUSÉE

ET CLASSEMENT PAR SALLES DES PIÈCES EXPOSÉES

Le Musée des Plans-reliefs comprend :

1° Une collection de plans-reliefs de places fortes représentant en réduction, généralement au 600° de leur grandeur réelle, l'aspect véritable des lieux.
Cette collection est classée comme monument historique ;

2° Une collection de modèles de fortification et divers autres reliefs d'un type comparable à celui des pièces de la collection historique mais établis à des échelles différentes ;

3° Une collection de plans directeurs en relief au 20.000°, sortes de cartes en relief, d'un type conventionnel et diverses pièces d'un modèle analogue :

4° Des tableaux, gravures et documents divers se rapportant, soit directement aux plans exposés, soit à leur époque, à leur histoire ou à la région géographique à laquelle ils appartiennent.

Ces pièces sont exposées dans d'immenses galeries aménagées dans les combles, au 4° étage de l'Hôtel des Invalides.
Le public y accède par le Musée de l'Armée qui occupe les trois étages inférieurs de l'Hôtel.
Les deux galeries principales qui ne mesurent pas moins de 110 mètres de longueur sont situées de part et d'autre de la cour d'honneur. Ce sont les galeries d'*Arçon* et *Louis-le-Grand*. Orientées Nord-Sud, elles sont reliées entre elles à leur extrémité sud par la galerie d'*Asfeld* prolongée vers l'Ouest par la galerie *Fourcroy*. Du milieu de la galerie d'Arçon part la galerie *Vauban* qui s'étend vers l'Est et où débouche l'escalier d'entrée du public. Enfin le musée comprend encore les salles *Haxo* et *Chasseloup* situées au Sud de la galerie Louis-le-Grand.

Les plans exposés dans ces salles y ont été autant que possible groupés par région géographique, comme l'indique le plan (page XXVIII), mais les dimensions des

salles ou celles des plans n'ont pas toujours **permis**
de réaliser ce classement d'une façon aussi complète
qu'il eut été désirable et le visiteur ne devra pas s'éton-
ner de relever quelques anomalies qu'il a été impos-
sible d'éviter.

Les listes qui suivent indiquent le classement par
salle des principales pièces : les noms imprimés en
petites majuscules se rapportent généralement aux
reliefs placés au milieu des salles et composant la
collection historique. Les dates sont celles de leur
construction ou de leur restauration.

Il n'a pas été possible de dresser dans la présente
édition une liste complète des documents anciens qui
ornent les murs. Leur nombre augmentant constam-
ment, des déplacements fréquents sont nécessaires et
une telle liste aurait été rapidement inexacte. Nous
avons donc dû nous borner à ne citer que les plus
remarquables d'entre eux.

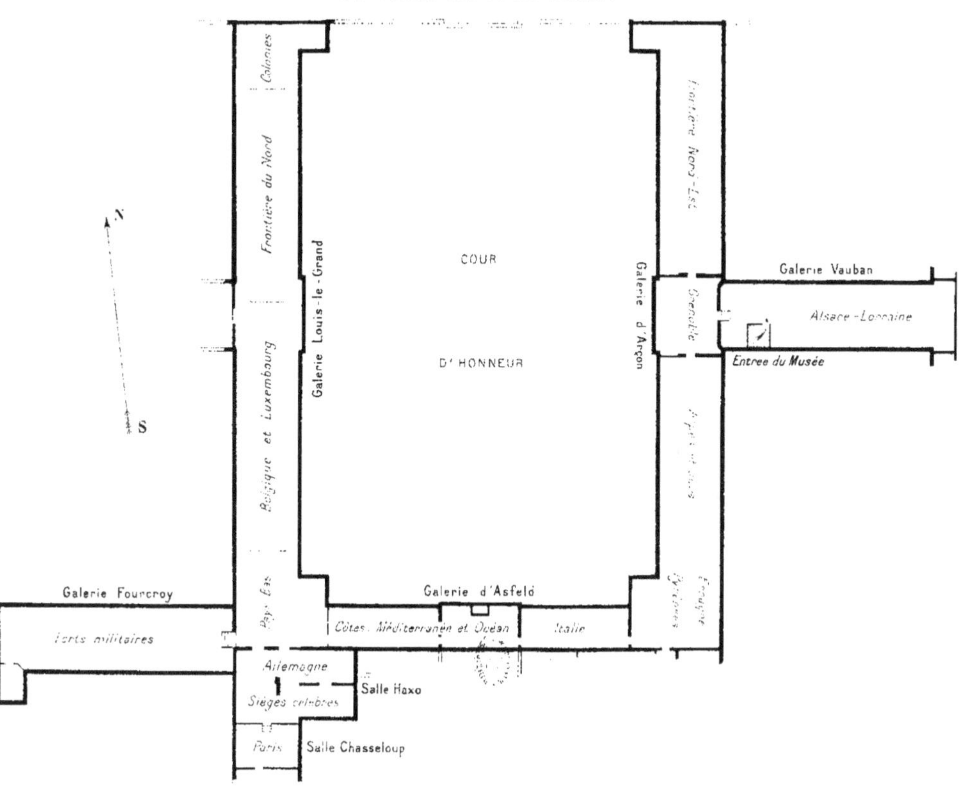
N
S
Colonnes
Frontière du Nord
Galerie Louis-le-Grand
Belgique et Luxembourg
Pays Bas
COUR
D'HONNEUR
Galerie d'Arçon
Frontière Nord-Est
Grenoble
Galerie Vauban
Alsace-Lorraine
Entrée du Musée
Galerie Fourcroy
Forts militaires
Galerie d'Asfeld
Côtes Méditerranée et Océan
Italie
Allemagne
Sièges célèbres
Salle Haxo
Paris
Salle Chasseloup

GALERIE VAUBAN

Vauban (Sébastien Le Prestre, seigneur de), célèbre ingénieur militaire et maréchal de France, né à Saint-Léger (Yonne) en 1633, mort à Paris en 1707 ; construisit 33 places fortes et en répara 300, eut la conduite de 53 sièges et se trouva à 140 actions de guerre.

Places fortes d'Alsace-Lorraine.

Huningue (1756).
Marsal (1839-1860).
Bitche (1825-1853).
Strasbourg (1836-1863).
Metz (1821-1871).
Neufbrisach (1706-1782).

MODÈLES DE FORTIFICATIONS

Tour maximilienne (1845).
Tour modèle (1811).
Système du Maréchal Turpin de Crissé (1760).
Lunette avec réduit de sûreté d'Arçon (1795).
Système de Carnot aîné (1797).
Système de Lotzy (1765).
Tour Martello (1846).
Types de fronts et de forts modernes (1876-1879).

PLANS-RELIEFS A PETITES ÉCHELLES (1)

Attaques allemandes de Strasbourg en 1870 (1880).
Portion de terrain aux environs de Dijon (1880).
Cinq modèles divers des environs de Metz (1868-1870).

---

(1) Par petites échelles on entend ici les échelles au 5.000ᵉ, 10.000ᵉ, 20.000ᵉ, etc., par opposition aux grandes proportions des plans-reliefs anciens.

Parmi les DOCUMENTS exposés sur les murs de cette salle, remarquer : les belles vues gravées représentant les fêtes données à Strasbourg en l'honneur de Louis XV en octobre 1774, les « Ponts couverts » en 1911 par Kœrtgé, les plans gravés ou manuscrits de Strasbourg, Metz (XVIIe siècle, 1749 et 1853), une aquarelle : la prise du fort de Kehl en 1796 ; des vues commémoratives de 1870-71, etc.

GALERIE D'ARÇON

Arçon (Jean-Claude Michaud d'), né à Besançon en 1733, mort en 1800. Lieutenant-Général. Inspecteur général des fortifications en 1793. Sénateur et membre de l'Institut.

I. — Partie nord.

Places fortes de la frontière du Nord-Est.

Besançon (1722-1792).
Belfort (1755-1825).
Toul (1861).
Verdun (1848-1921).
Sedan (1841).
Avesnes (1826).
Laon (1858-1867-1910).
Camp de Châlons.
Château de Ham (1842-1920).

MODÈLE DE FORTIFICATIONS

Tour crénelée (réduit de batterie de côtes) (1855).

CARTES EN RELIEF

Camp retranché de Belfort (1884).
  d°   d°   d'Epinal (1885).
Région de Montmédy-Longwy (1914)
Front de la 4e armée française en 1918.
Position de Crépy-Couvron (1918).

Parmi les DOCUMENTS exposés sur les murs : Vues de Sedan, de Verdun, gravées par Israël Sylvestre (XVIIᵉ siècle), de Besançon par Marot et Baudoin, plan manuscrit de Besançon (1739), plans gravés modernes d'Epinal, Besançon, Laon, Châlons, etc.

II. — *Partie centrale.*

Places fortes.

Grenoble (1848).
Fort-l'Ecluse (1841-1867).
  d°   (détails) (1844).

MODÈLES DE FORTIFICATIONS

Redoute et tour modèle carrée (1810).
Réduit de place d'armes (1807).

PLANS-RELIEFS A PETITES ÉCHELLES

Col du Mont-Cenis (1868-1924).
Mont-Blanc (rochers du) (1914-1924).

CARTES EN RELIEF

Camp retranché de Verdun (1881).
  d°   d°   de Toul (1882).
  d°   d°   de Lyon (1909).

III. — *Partie sud.*

Places fortes du Jura, des Alpes et des Pyrénées.

Les Rousses (1859-1913).
Montmélian (1693-1790-1920).
Auxonne (1677-1771).
Fort Barraux (1674-1818).
Briançon (1731-1736-1785).
Embrun (1701-1783).
Mont-Dauphin (1709-1763).
Bayonne (1819-1822).
Villefranche-de-Conflent (1701-1771).
Perpignan (1701-1757).
Fort-les-Bains (1691-1816).
Fort-la-Garde (1691-1816).
Forts de Joux et du Larmont (1828-1868).
Mont-Cenis (1815-1819-1851).

Reliefs d'étude (guerre de siège).

Assaut donné à la brèche d'un bastion (1805).
Surprise et escalade d'une ville fortifiée à l'antique (1805).
Attaque et passage de vive force d'un pont retranché (1805).
Ruines de Saragosse (1809).

PLANS-RELIEFS A PETITES ÉCHELLES

Briançon (environs de) (1900).
Esseillon (position de l') (1869).
Pyrénées orientales (1887).
Suisse (fragments de la) (1820).
Nice (environs de) (1920).

BUSTE DE VAUBAN par Marchetti

Parmi les DOCUMENTS exposés sur les murs, remarquer : vues gravées de Salins (1674), Montmélian (1675), l'île de la Conférence (1659), Roses, Perpignan, Lérida (1693) ;

Cartes originales : environs de Perpignan (1699), côtes du Languedoc (1699), ville et citadelle de Perpignan (1792), château de Joux (1758), Briançon, les Têtes et le Randouillet (1728-29-31), etc. ;

Vues peintes du passage des Alpes en 1800, etc.

GALERIE D'ASFELD

Asfeld (Claude-François Bidal, marquis d'), né en 1667, mort en 1743. Maréchal de France. Directeur général des fortifications de 1718 à 1743.

I. — Partie est.

Places fortes d'Italie.

La Spezzia (1810).
Saint-Marin (1889).
Exilles (1673-1790).
Fenestrelles (1759-1811).
La Rocca d'Anfo (1804).

PLAN-RELIEF COMMÉMORATIF

de la bataille du *Pont de Lodi* en 1796 (1804)

PLANS-RELIEFS A PETITES ÉCHELLES

Lecco (défense du pont de) (1799).
La Spezzia (fragment) (1810).
Ile Tino (la Spezzia) (1811).
La Spezzia (25.000°), 1894).
Ile d'Elbe (1811).

Sur les murs de cette salle sont exposés des DOCUMENTS relatifs aux campagnes de la Révolution et de Napoléon Ier (aquarelles originales, gouaches, gravures, etc.).

II. — *Partie centrale.*

Places fortes des frontières maritimes.

Blaye (1703-1722).
Fort Pâté (devant Blaye) (1703-1772).
Oléron (le château d') (1703-1772-1828).
Château-Trompette (à Bordeaux) (1705-1911).
Citadelle de Belle-Ile (1704-1920).

Sur les murs de cette salle se trouvent : un médaillon de Louis XIV par Puget, des portraits gravés ou lithographiés de généraux, d'ingénieurs militaires et de nombreux documents originaux anciens parmi lesquels :

PLANS de : Blaye (1730), Fort Pâté (1764), Belle-Ile (1749 et 1810), Oléron (1724), Château-Trompette (1754);

CARTES : des côtes de Bretagne (XVIIIe siècle), du diocèse de Bordeaux (1769), d'Aunis et Saintonge (1700), de Guyenne et Médoc (1718), du Bordelais (1718) (ces trois dernières par Masse), etc.

III. — *Partie ouest.*

Places fortes des frontières maritimes.

Saint-Martin-de-Ré (1703-1771).
Fort de la Prée (Ile de Ré) (1704-1771).
Saint-Tropez (1716-1920).
Antibes (1747-1920).
Iles de Lérins (1728-1920).
Château d'If (1688-1920).
Fort Saint-Nicolas (Marseille) (1684-1816).
Calvi (1887).

Modèle de la fontaine de Nîmes (1842)

Plans-reliefs a petites échelles

Rade de Villefranche (1845).
Environs d'Alger (1912).
Environs de Bizerte (1904).

Parmi les nombreux documents exposés sur les murs de cette salle, remarquer : un plan de la ville et de la citadelle de Ré (1723), une carte de la côte de Poitou par Masse (1710), des vues contemporaines de la conquête de l'Algérie, etc.

GALERIE FOURCROY

Fourcroy (Charles-René de Ramecourt), né à Paris en 1715, mort en 1791. Maréchal de camp. Directeur général des fortifications en 1776.

Plans-reliefs des ports de guerre.

Toulon (1800).
Brest (1811).
Cherbourg (1819-1872).

Plans-reliefs divers.

Mont Saint-Michel (1701).
La Conchée (rade de Saint-Malo) (1700-1813).
Toulon : fort des Vieux-Pomets (1750-1826).
     d° d° Lamalgue (1750-1826).
     d° d° d'Artigues (1800-1826).
     d° tour Balaguier (1800-1826).
Cherbourg : fort Charagnac (1868)

Plan-relief au 20.000° des environs de Toulon (1885)

A signaler parmi les documents exposés dans cette salle: plan du Mont St-Michel (xviiᵉ siècle), deux plans manuscrits de Toulon et des environs (1776 et 1795), deux aquarelles représentant des épisodes du siège de Toulon en 1793, une carte de la rade de Brest (1779), etc., etc.

GALERIE LOUIS-LE-GRAND

Le nom de Louis-le-Grand fut décerné solennellement en 1680 à Louis XIV quand ce roi rentra à Paris après la paix de Nimègue conclue en 1678 et donnant à la France la Franche-Comté et plusieurs places fortes dans les Pays-Bas.

Places fortes des Pays-Bas, de Belgique et du Luxembourg.

Menin (voyez : salle Haxo) (1702-1787).
Ath (1668-1790).
Charleroi (1696-1789).
Berg-op-Zoom (1750-1815).
Maëstricht (1752-1803).
Ostende (1699-1778).
Nieuport (1698-1778).
Oudenarde (1747).
Ypres (1701-1789).
Luxembourg (1805).
Tournai (1701-1788).
Namur (1750-1806).
La Kénoque (1746-1920).
Bouillon (1689).

Places fortes du Nord de la France.

Bergues (1699-1771).
Landrecies (1723-1768-1816).
Aire (1745-1780).
Saint-Omer (1758).
Calais (1691-1774-1833).
Gravelines (1699-1771-1819).
Bouchain (1715-1769).

Plans-reliefs divers à grandes échelles.

Constantine (1839-1846).
Canal de Suez (1878).
Corfou (citadelle de) (1808-1897).

PLANS-RELIEFS A PETITES ÉCHELLES

Nieuport (région des Dunes) (1916).
Le Sokol (1918).
Oran (1885).
La Réunion (1853).
Canal de Panama (1888).

Parmi les DOCUMENTS exposés dans cette salle, remarquer : VUES GRAVÉES DES SIÈGES DE : Ath (1697), Saint-Omer (1677), Ypres (1678), Maëstricht (1673), Oudenarde (1667), etc. ;

VUES GRAVÉES DES VILLES DE : Calais (1677), Luxembourg (1690), etc. ;

CARTES GRAVÉES : des gouvernements de Dixmude et la Kénoque (1647), de Bergue-Saint-Vinox (1646), de Luxembourg par Vauban (1684), etc. ;

Autour du plan-relief de Constantine : VUES originales au crayon et lithographies de Raffet représentant des épisodes du siège de la ville.

SALLE HAXO

Haxo (François) (1774-1838). Général et ingénieur militaire français, né à Lunéville. Il se signala au siège d'Anvers en 1832.

Plans-reliefs de places allemandes.

Philippsbourg (1720-1791).
Juliers (citadelle de) (1802).

Dettingen (bataille de) (1743-1787).
Beeskov (camp de) (1916).

Plans-reliefs commémoratifs
des sièges célèbres.

Anvers en 1832 (1833-1834).
Rome en 1849 (1852).
Sébastopol en 1855 (1860-1861).

MODÈLE d'un front de la fortification d'Anvers
(1876-1878).

MODÈLE du fort Malakoff à Sébastopol (1856).

PLANS-RELIEFS A PETITES ÉCHELLES

Sébastopol.
Collection Bardin (reliefs topographiques).

On trouvera exposés sur les murs de cette salle de nombreux DOCUMENTS se rapportant aux sièges précités ainsi qu'aux campagnes de Crimée et d'Italie : aquarelles, gravures, dessins, etc.

***

SALLE CHASSELOUP

Chasseloup-Laubat (Prosper de) (1754-1833). Général et ingénieur français, né à Marennes (Charente-Inférieure), dirigea en 1807 les opérations du siège de Dantzig.

PLAN-RELIEF DU FORT DU *Mont-Valérien* (1844-1928).

PLANS DIRECTEURS DE PARIS au 20.000ᵉ
(1906 et 1914-1918).

PLAN-RELIEF DE PARIS au 10.000ᵉ (1889).

MODÈLES relatifs à la guerre de 1914-1918.
(Voir détail page 99.)

Aux murs : DOCUMENTS anciens sur Paris et ses environs, notamment : plan de Paris en 1618, carte dite : « des Chasses du roi » (1764-1775), environs de Versailles (1740), forêt de Sénart (1750), parc de Saint-Cloud (1845), etc.

PEINTURES , AQUARELLES, ESTAMPES relatives à la guerre de 1914-1918.

NOTICES
EXPLICATIVES ET HISTORIQUES

Chapitre I

COLLECTION HISTORIQUE

DES

PLACES FORTES

(Plans-Reliefs anciens à décoration artistique
présentant en réduction l'aspect véritable des lieux).

chée ouverte ; Vauban, qui dirigeait les attaques, en transforma les fortifications quelques années plus tard (1679 à 1684). Elle fut cédée à la France par le traité de Nimègue en 1678 et s'illustra en 1710, pendant la guerre de la Succession d'Espagne. Assiégée par le prince Eugène de Savoie et Malborough, elle ne capitula qu'après cinquante-huit jours de tranchée et la garnison, commandée par Goesbriant en sortit avec les honneurs de la guerre. Elle fut rendue définitivement à la France par le traité d'Utrecht (1713).

ANTIBES

PLAN-RELIEF A L'ÉCHELLE DU 600ᵉ,
CONSTRUIT EN 1747-1754 SOUS LA DIRECTION DE NÉZOT,
INGÉNIEUR ORDINAIRE DU ROI ;
RESTAURÉ EN 1828 ET EN 1921 *(Cl. M. H.)*

Dimensions : 4 m. 75 sur 3 m. 58.

Situation dans le musée : **GALERIE D'ASFELD (Ouest).**

Antibes est une jolie ville maritime, admirablement située sur la côte de Provence (Alpes-Maritimes) à 12 kilomètres à l'ouest de l'embouchure du Var, au pied de montagnes qui la protègent contre les vents du Nord.

C'était, avant son déclassement datant de 1889, une place forte dont la position au col d'une petite presqu'île formant un des côtés du Golfe Jouan, était autrefois très importante contre les Etats sardes.

Son port, peu vaste mais profond et sûr, est fermé par une longue jetée demi-circulaire. Il est défendu par le fort Carré. Trois hauteurs aussi fortifiées, complètent le système de défense et dominent les remparts de la ville remis en état par Niquet sous la direction de Vauban.

On remarque à Antibes l'église paroissiale, bâtie sur un roc à la place d'un ancien temple de Diane, deux tours antérieures, dit-on, à l'ère chrétienne, l'hôtel-de-ville, la colonne de marbre blanc érigée en l'honneur de Louis XVIII, quelques vestiges d'un théâtre romain et d'anciennes inscriptions.

Cette ville fait le commerce de fruits, d'huile d'olives, de vins et de poissons salés.

Elle date de la plus haute antiquité : c'était une des colonies fondées par les Phocéens de Marseille, 340 ans avant Jésus-Christ, sous le nom d'*Antipolis*. Sous Auguste, c'était une ville municipale florissante. Elle fut ravagée par les Barbares et totalement détruite par les Sarrasins à la fin du ix° siècle. Reconstruite au siècle suivant, elle eut plus d'une fois à souffrir des incursions des pirates barbaresques. Elle dut ses premières fortifications à François I*er* et à Henri IV.

C'est la patrie du maréchal Reille. Masséna est né aux environs.

AUXONNE

PLAN-RELIEF A L'ÉCHELLE DU 600e.
CONSTRUIT EN 1677 :
RÉPARÉ EN 1771 ET EN 1906 *(Cl. **M. H.**)*

Dimensions : 2 m. 48 sur 1 m. 84.

Situation dans le musée : **GALERIE D'ARÇON (Sud).**

Auxonne est une ancienne place forte, aujourd'hui démantelée, située dans le département de la Côte-d'Or (arrondissement de Dijon), sur la rive gauche de la Saône qui y reçoit la Brizotte. C'était, autrefois, une place importante à cause de sa position sur la route de Besançon à Dijon.

Elle est bien bâtie ; on y remarque un ancien château, flanqué de tours datant de Louis XI. Elle fait le commerce de vins, eaux-de-vie et quincaillerie, fabrique des clous, des draps et des toiles.

Jadis capitale d'un ancien comté, réunie en 1237 au duché de Bourgogne, Auxonne tomba, par succession, en 1631, entre les mains de Jean-le-Bon, roi de France.

Elle n'était alors entourée que d'une simple muraille : les rois Louis XI, Charles VIII et Louis XII firent bâtir le château. Sous Louis XIV, de 1673 à 1676, le vicomte d'Aspremont, contemporain de Vauban, mais plus ancien que lui, construisit l'enceinte bastionnée : à la même époque furent édifiés les magasins et arsenaux.

Après avoir résisté courageusement aux Alliés en janvier 1814, elle fut bombardée l'année suivante par les Autrichiens et dut se rendre le 27 août 1815.

AVESNES

Plan-Relief a l'échelle du 600e,
construit en 1826 par les artistes de la Galerie,
pour remplacer un plan-relief plus ancien
enlevé par les Prussiens en 1815 *(Cl. M. H.)*

Dimensions : 7m.53 sur 5m.35.

Situation dans le musée : **GALERIE D'ARÇON (Nord).**

Avesnes, chef-lieu d'arrondissement du département du Nord, autrefois place forte, déclassée en 1867, est située sur la rive gauche de la Grande Helpe ou Helpe Majeure, sur le versant d'une colline escarpée, dans un pays verdoyant, accidenté, qui était jadis couvert par la forêt des Ardennes. Son seul monument intéressant est l'église Saint-Nicolas qui date du xvie siècle.

Cette ville doit son origine à un château bâti au xie siècle par un seigneur qui est la tige des sires d'Avesnes. Cette seigneurie passa successivement de la maison d'Avesnes dans les maisons de Châtillon, de Bretagne, d'Albret, d'Autriche, etc. A la mort de Charles-le-Téméraire, Louis XI envahit le Hainaut et assiégea Avesnes, qui fut prise d'assaut et livrée à d'horribles exécutions : dix-sept personnes et huit maisons seulement échappèrent au désastre ; elle ne fut repeuplée que cinq ans après. Le traité des Pyrénées la donna à la France (1659) : ses fortifications furent remaniées par Vauban, de 1661 à 1664.

Prise par les Russes en 1814, investie par les Prussiens et presque détruite en 1815 par l'explosion d'une poudrière, Avesnes fut rebâtie en moins d'un an.

BAYONNE

PLAN-RELIEF A L'ÉCHELLE DU 600°,
CONSTRUIT A LA GALERIE DE 1819 A 1822 *(Cl. M. H.)*

Dimensions : 8 m. 50 sur 6 m. 54.

Situation dans le musée : **GALERIE D'ARÇON (Sud).**

Bayonne, ville maritime, chef lieu d'arrondissement du département des Basses-Pyrénées, est une place forte située sur l'Adour, à son confluent avec la Nive. Ces deux rivières la divisent en trois quartiers : sur la rive gauche de l'Adour, le *grand et le petit Bayonne*, de part et d'autre de la Nive ; sur la rive droite, le faubourg de *Saint-Esprit*, qui forme une véritable ville distincte.

Cette ville n'a qu'un édifice remarquable, la cathédrale, qui date du XIII° siècle. Ses fortifications, construites par Louis XII, puis en 1526 par François Ier, furent améliorées sous Louis XIV, d'après les projets de Vauban (1679-1691) et particulièrement la citadelle située à Saint-Esprit, qui domine la Nive et l'Adour et se nomma quelque temps Fort royal de Castelnau.

Le port de Bayonne est formé par l'Adour, dont le lit est très profond ; mais, en aval de la ville, le cours du fleuve est embarrassé par la *barre,* banc de sable mobile très redouté ; cette barre est l'obstacle unique qui a arrêté le développement commercial et politique de Bayonne : cette ville, par son admirable position à la porte de l'Espagne, au pied des Pyrénées, au confluent de deux rivières navigables, étant destinée à jouer un rôle de premier ordre.

Bayonne est une ville très ancienne : c'était la capitale des Tarbelli, elle s'appelait alors *Lapurdum*. Elle devint au xie siècle le chef-lieu du *Labourd* pays compris entre l'Océan, l'Adour, la Basse-Navare et les Pyrénées, et dont les comtes étaient vassaux des ducs d'Aquitaine. Elle prit alors le nom basque de *Baya-ona* (bonne baie). Au xive siècle, elle tomba au pouvoir des Anglais, devint alors une sorte de république maritime très prospère et fut réunie à la monarchie française par Charles VII, en 1451.

BELFORT

Plan-Relief a l'échelle du 600e,
construit en 1755 par Gengembre,
Mazin de Luzard, ingénieur du Roi
étant directeur des plans-reliefs :
réparé en 1825 *(Cl. M. H.)*

Dimensions : 4 m. 91 sur 4 m. 27.

Situation dans le musée : **GALERIE D'ARÇON (Nord).**

Belfort, chef-lieu d'arrondissement du département du Haut-Rhin, est située sur la rive gauche de la Savoureuse, à la base d'un roc que couronne un château plus ancien que la ville ; à quelque distance est la tour de la Miotte.

Belfort a existé de toute antiquité. D'abord station préhistorique, puis station gallo-romaine, aux xiie et xiiie siècles, elle se nomme *Brace* ou *Brasse*, nom sous lequel elle est pour la dernière fois mentionnée dans une charte de 1223 ; le comte de Ferrette la cède sous le nom de Château de Belfort au comte de Montbéliard. C'était, au xive siècle, une ville communale sous la dépendance des ducs d'Autriche. Elle fut prise par les Français en 1636. En 1686-1691, Louis XIV, Louvois et Vauban en améliorèrent les fortifications et l'agrandirent : des augmentations y furent encore faites après le démantèlement d'Huningue, en 1815 ; depuis, elle a essuyé trois sièges mémorables : en 1813-1814, avec Jean-Legrand contre les Bavarois, qui n'y entrèrent qu'après l'abdication de Napoléon ; en 1815, avec le général Lecourbe, qui résista victorieusement aux Alliés, et enfin, en 1870-71, avec le colonel Denfert-Rochereau, qui devait en sortir le 18 février 1871 avec les honneurs de la guerre : le lion sculpté à même le roc, par Bartholdi, commémore cette résistance héroïque.

Belfort est au point de vue militaire une des villes les plus importantes de la France, étant chargée de défendre la trouée qui porte son nom, et par laquelle on peut pénétrer dans le bassin de la Seine, vers Paris.

BELLE-ILE (Citadelle de)

PLAN-RELIEF A L'ÉCHELLE DU 600e.
CONSTRUIT EN 1704 PAR TESSIER DE DERVILLE,
INGÉNIEUR ; RESTAURÉ EN 1920

Dimensions : 2 m. 50 sur 2 m. 30.

Situation' dans le musée : **GALERIE D'ASFELD (Centre.)**

Belle-Ile est située dans le département du Morbihan, sur l'Océan, au sud de la Bretagne et à 17 kilomètres ouest de la presqu'île de Quiberon ; elle a 16 kilomètres de long sur 8 dans sa plus grande largeur. Elle est environnée de rochers, a un territoire fertile, un climat très doux et produit d'excellent froment ; des pâturages y nourrissent des chevaux estimés.

Elle renferme la petite ville du *Palais* et trois bourgs. Le Palais a un bon port et une citadelle qui servit de prison d'Etat de 1848 à 1852.

Belle-Ile appartenait autrefois à l'abbaye de Quimperlé qui la céda au xvie siècle au roi Charles IX. On y commença des fortifications qui furent achevées par le surintendant Fouquet, lequel avait acquis le marquisat-pairie de Belle-Ile en 1658. Après la disgrâce de Fouquet en 1661, Louis XIV en prit possession et en 1683-1685 Vauban remania la citadelle.

Les Anglais se sont emparés de cette île en 1761, laissant sortir la garnison avec les honneurs de la guerre ; ils la rendirent au traité de Paris (1763) en échange de la Nouvelle-Ecosse et l'attaquèrent vainement en 1795.

BERGUES

PLAN-RELIEF A L'ÉCHELLE DU 600^e
CONSTRUIT EN 1699 ; RÉPARÉ EN 1774 *(Cl. M. H.)*

Dimensions : 4 m. 41 sur 3 m. 76.

Situation dans le musée : **GALERIE LOUIS-LE-GRAND**.

Bergues, place forte du département du Nord, est située au milieu des Moëres, plaine marécageuse, sur le canal de la Colme, à la tête du canal de Bergues à Dunkerque. Elle se nommait autrefois Berg-Saint-Vinox, en flamand Winoxberge. Ses seuls monuments sont : l'hôtel-de-ville, bâti en 1664, dont le beffroi a 50 mètres de haut et les deux tours de l'ancienne abbaye. Bergues date du Xe siècle. Baudoin II la fit clore de murailles et Baudoin IV y fonda un monastère. Au XIIIe siècle, elle était célèbre par ses fabriques de drap et de toiles : en 1383, elle fut surprise par l'armée de Charles VI pendant qu'elle offrait de se rendre et fut horriblement dévastée : il ne resta debout que l'abbaye, l'église Saint-Pierre et le couvent des Dominicains. Rebâtie par Philippe-le-Hardi, duc de Bourgogne, elle eut le même sort en 1558, où le maréchal de Thermes la prit d'assaut. Rebâtie de nouveau par Philippe II d'Espagne, elle fut encore prise par le duc d'Orléans en 1646, et par Turenne en 1658. Rendue au traité des Pyrénées, reprise en 1667, par Louis XIV en personne, elle fut cédée à la France l'année suivante par le traité

d'Aix-la-Chapelle. Vauban, qui avait pris part au siège
fut chargé de la fortifier : elle avait pour ouvrage
détaché le *fort Français* situé sur le canal de Dunkerque et des écluses lui permettaient d'inonder ses
abords.

BESANÇON

Plan-Relief a l'échelle du 600e.
Construit en 1722 sous la direction
de Ladevèze, ingénieur ordinaire du Roi :
réparé en 1762 et 1792 *(Cl. M. H.)*

Dimensions: 6 m. 21 sur 4 m. 30.

Situation dans le musée: GALERIE D'ARÇON (Nord).

Besançon est le chef-lieu du département du Doubs
et l'ancienne capitale de la Franche-Comté.

Cette ville est agréablement située sur le Doubs
qui l'entoure presque en entier et la sépare du quartier
de Battant relié par un ancien pont de pierre.

Du seul côté où la rivière ne l'enveloppe pas, elle
est fermée par une masse de rochers que surmonte une
citadelle commencée en 1665 sur les plans de Vauban
et qui commande toute la campagne au nord, tandis
qu'au sud, à l'est et au sud-est elle est dominée par les
monts de Chaudane, de Brégille et de la Chapelle-des-
Buis bornant la vue d'une manière pittoresque. Ces
monts contribuaient par les fortifications qui y avaient
été élevées à rendre autrefois la place inexpugnable.

Besançon est généralement bien bâtie, bien pavée,
bien percée : ses places sont vastes et ornées de fon-
taines : elle possède en outre plusieurs belles promenade, le *Grand Chamars*, ancien Champ-de-Mars des
Romains, traversé par deux canaux réguliers, le jar-
din de *Granvelle* situé presqu'au milieu de la ville, la
belle levée du canal qui longe le vallon du Doubs.
Parmi ses monuments on doit citer l'ancien palais de

Granvelle, bel édifice de la Renaissance, l'arc romain dit la *Porte-Noire* et attribué à Marc-Aurèle, la *Porte-Taillée* ouverte à travers le roc pour le passage des eaux d'Arcier et sous laquelle Louis XIV a fait passer la nouvelle route de Suisse, la citadelle l'un des chefs-d'œuvre de Vauban, bâtie sur un roc inaccessible, l'église cathédrale de Saint-Jean, le bel hôpital Saint-Jacques avec sa chapelle, l'hôtel de la Préfecture, le Palais de Justice, les casernes, les musées et la bibliothèque très riche et possédant notamment les manuscrits du cardinal de Granvelle.

Placée à la rencontre des trois routes de Bâle, Neufchâtel et Genève, cette ville est en quelque sorte le boulevard du Jura. Grâce à sa position sur le Doubs et surtout sur le canal du Rhône au Rhin, c'est un important centre industriel et commercial.

Besançon est d'origine très ancienne. C'était sous le nom de *Vesontio* l'ancienne capitale des *Séquanes* et au temps des Romains une des villes les plus importantes de la Gaule. Détruite par les barbares, elle ne reprit sa prospérité que dans le moyen-âge, où les empereurs lui accordèrent de grands privilèges. Elle devint alors, sous le titre de ville impériale une sorte de petite république dont la souveraineté fut convoitée par les évêques, ce qui amena des luttes continuelles entre les prélats et les bourgeois. Elle garda ses franchises sous la domination des ducs de Bourgogne-Valois et leur montra un grand attachement ainsi qu'à la maison d'Autriche, sous la protection de laquelle elle acquit une grande prospérité. Conquise définitivement par la France sous Louis XIV, en 1674, elle perdit une partie de ses privilèges, mais on lui concéda en revanche le parlement et l'université de Dôle.

Vauban qui avait dirigé en 1674 les attaques contre la citadelle fortifia de nouveau la ville en construisant selon son second système, la double couronne de Battant.

BITCHE

PLAN-RELIEF AU 600ᵉ,
CONSTRUIT PAR LES ARTISTES DE LA GALERIE
DE 1825 A 1828;
RESTAURÉ ET MIS A JOUR EN 1852-1853 *(Cl. M. H.)*

Dimensions: 6 m. sur 5 m. 03.

Situation dans le musée: **GALERIE VAUBAN.**

Bitche, petite ville du département de la Moselle (arrondissement de Sarreguemines), située dans les montagnes des Vosges, au pied d'un rocher, non loin des sources de la Schwolbe. C'était autrefois, une place très importante par la position de son château-fort, bâti sur le sommet du rocher et qui, voûté et casematé pouvait recevoir 1.000 hommes de garnison. Ce château commandait le défilé des Vosges, entre Sarreguemines et Wissembourg.

En 1793, les Prussiens essayèrent de s'en emparer par surprise et furent défaits par les habitants et la garnison.

Pendant la guerre de 1870-71, la place commandée par le commandant Teyssier offrit une résistance héroïque aux Allemands et put tenir du 8 août 1870 jusqu'à la signature de la paix ; le 26 mars 1871, la garnison, forte de 3.000 hommes, sortit avec les honneurs de la guerre.

Bitche a vu naître le général Bizot (1795), tué devant Sébastopol en 1855.

BLAYE

PLAN-RELIEF A L'ÉCHELLE DU 600ᵉ,
CONSTRUIT EN 1703 ;
RÉPARÉ EN 1772 *(Cl. M. H.)*

Dimensions : 4 m. sur 3 m. 12.

Situation dans le musée : **GALERIE D'ASFELD (Centre).**

Blaye, chef-lieu d'arrondissement, est adossée en amphithéâtre à un rocher sur la rive droite de la Gironde, qui a en cet endroit 4 kilomètres de large. Elle se divise en haute et basse ville. La première, bâtie sur l'emplacement d'un ancien château, est fortifiée ; ses remparts terminés vers 1691 ont été construits sur les plans de Vauban, Duplessis-Saint-Michel et Payen. Classée dans la deuxième série des places fortes comme poste de guerre, la citadelle de Blaye croise ses feux sur la Gironde avec ceux du fort Médoc, situé sur la rive gauche, et du fort Pâté, construit au milieu du fleuve.

La ville basse qui est la plus peuplée, a un chantier de construction pour les navires de cabotage et fait un grand commerce de vins, d'eaux-de-vie, de bois de construction ; son industrie consiste en fabriques de toile, en verreries et en distilleries.

Blaye a toujours eu une grande importance comme position militaire et portait à l'époque de la domination romaine le nom de Castrum Blavium. Elle joua un rôle considérable au moyen âge dans les guerres contre les Anglais et, au xvıᵉ siècle, pendant les guerres de religion à la fin desquelles elles prit parti pour la Ligue et appela les Espagnols.

Plus près de nous, la citadelle de Blaye est célèbre pour avoir servi de prison à la duchesse de Berry.

BOUCHAIN

PLAN-RELIEF A L'ÉCHELLE DU 600ᵉ,
CONSTRUIT EN 1715
SOUS LA DIRECTION DE LA DEVÈZE, INGÉNIEUR DU ROI ;
RÉPARÉ EN 1769 ET RESTAURÉ EN 1920 *(Cl. M. H.)*

Dimensions : 4 m. 18 sur 2 m. 95.

Situation dans le musée : GALERIE LOUIS-LE-GRAND.

Bouchain, petite place forte déclassée et démantelée
en 1893, est située dans le département du Nord, sur
les deux rives de l'Escaut, au point où il reçoit la Sen-
sée. Autrefois, elle ressemblait plutôt à une citadelle
qu'à une ville ; ses abords pouvaient être inondés. On
y remarque la tour d'Ostrevent, reste de l'ancien château. Elle a été prise par Louis XI en 1477, par François Iᵉʳ en 1521, par le duc d'Orléans en 1676, par les
Alliés en 1711 et par le maréchal de Villars en 1712.
Le traité d'Utrecht (1713) en a confirmé définitivement
la possession à la France.

BREST

PLAN-RELIEF A L'ÉCHELLE DU 600ᵉ,
CONSTRUIT A LA GALERIE EN 1811 *(Cl. M. H.)*

Dimensions : 16 m. 45 sur 7 m. 93.

*Ce relief, un des plus beaux et des plus importants
de la Galerie, a coûté 43.000 francs.
Il a été très admiré
par Napoléon Iᵉʳ, lors d'une visite qu'il fit
à l'Hôtel des Invalides, en mars 1813.*

Situation dans le musée : GALERIE FOURCROY.

Brest, ville maritime et chef-lieu d'arrondissement
du département du Finistère, est située sur la rive nord

du goulet qui porte son nom et qui sert d'estuaire sur
l'Océan à l'Aulne et à l'Elorn, à cheval sur la Penfeld et au bord d'une magnifique rade pouvant contenir
500 navires. Son port est l'un des plus beaux et des
plus sûrs de l'Europe et un important port de guerre de
France; il est formé par la Penfeld, rivière courte et
profonde sur les bords de laquelle la ville s'élève de
chaque côté en formant deux quartiers: Brest et Recouvrance. Cette ville est assez mal bâtie et n'a pas d'autres monuments que les édifices de la marine. Son
commerce et son industrie consistent presque unique-
ment dans les approvisionnements et les objets nécessaires au service maritime.

Brest n'était encore au xiᵉ siècle qu'un village avec
un château-fort qui appartint jusqu'en 1240 aux seigneurs de Léon. Ce château fut vendu au duc de Bretagne, Jean-le-Roux, qui commença à le rebâtir et en fit
une des plus fortes places de son duché. Pendant la
guerre de la succession de Bretagne, Brest fut assiégée
à plusieurs reprises ; elle tomba en 1732 au pouvoir
des Anglais, et ne fut rendue qu'en 1739 au duc de
Bretagne. Pendant la Ligue, la ville se prononça pour
Henri IV. qui en confia la garde à Sourdéac, de la
famille de Rieux. Elle fut alors attaquée par les
Espagnols (1594), qui élevèrent à l'entrée du goulet,
sur la pointe de Roscanvel, un fort qui coupait les
communications de la ville avec la mer. Les troupes
de Sourdéac, soutenues par les Anglais, chassèrent les
Espagnols. Cependant Brest n'était encore qu'une bour-
gade de 1.500 âmes que l'on avait fortifiée à cause de
sa position, mais où il n'y avait aucun établissement
maritime. De l'autre côté de la Penfeld il s'était élevé
un village autour d'une chapelle bâtie à Notre-Dame
de *Recouvrance*. En 1631, Richelieu, sur l'avis de Leroux
d'Infreville, commença à faire établir à Brest un maga-
sin et des hangars ; mais, tout occupé de Brouage, il
ne poussa pas plus loin les travaux. Enfin, Colbert
résolut de faire de cette ville le grand port de guerre
de la France sur l'Océan. Les plans lui furent donnés
par Duquesne et Leroux d'Infrevile. En 1665, on commença les travaux et, seize ans après, grâce à l'in-
tendant de Seuil, au maître charpentier Hubac, aux
ingénieurs Sainte-Colombe et Féry, et à l'architecte
Garangeau, Brest existait, avec son port, ses fortifications, ses arsenaux ses chantiers, ses magasins et
Seignelay faisait frapper la médaille commémorative
qui porte pour inscriptions : *Bresti portus et navale,
1681 — Tutela classium*.

Brest devint dès ce moment le centre principal de

nos armements maritimes. Vauban compléta ses fortifications. Mais, dans les dernières années de la ligue
d'Augsbourg, le mauvais état des finances et l'incapa-
cité des successeurs de Seignelay réduisirent notre
marine à un rôle secondaire ; le port de Brest fut
alors négligé et les travaux arrêtés. Ils ne reprirent
qu'en 1745. Alors l'ingénieur Choquet de Lindu acheva
les quais, construisit la corderie et le bagne, compléta
l'enceinte, fit faire les trois immenses bassins de granit qu'on appelle formes de *Pontaniou* ; enfin, l'ingénieur Petit construisit en 1767 l'admirable machine à
mâter. Les tentatives multipliées des Anglais contre ce
port, pendant le règne de Louis XV, décidèrent le gouvernement à compléter le système de fortifications
et, lorsque Choquet de Lindu mourut, en 1790, l'œuvre
de Colbert était achevée.

Brest fut négligé par Napoléon qui portait surtout
ses vues sur Cherbourg et sur Anvers. En 1858, Brest
reçut de nouveaux développements comme place forte
et port de commerce. C'est la patrie des amiraux La
Motte-Picquet, d'Orvilliers et Linois, des ingénieurs
Petit et Choquet de Lindu, etc.

BRIANÇON

PLAN-RELIEF A L'ÉCHELLE DU 600e,
CONSTRUIT SUR LES LIEUX DE 1731 A 1736
PAR COLLIQUET ET NÉZOT,
INGÉNIEURS ORDINAIRES DU ROI ;
RÉPARÉ A LA GALERIE EN 1785 *(Cl. M. H.)*

Dimensions : 7 m. 90 sur 5 m. 56.

Situation dans le musée : GALERIE D'ARÇON.

Briançon est une place forte située dans le département des Hautes-Alpes, sur la rive droite de la Durance, à 1321 mètres d'altitude.

Cette ville, dont l'aspect est très pittoresque s'élève

en amphithéâtre, sur un mamelon situé à la jonction des deux vallées de la Durance et de la Guisanne. A l'intérieur elle est fort triste et l'on n'y remarque que la grande rue, les casernes et l'église. Il s'y trouve quelques fabriques de bonneterie, de faïence, des chapelleries, des tanneries, et l'on y fait le commerce de moutons, mulets, etc.

Briançon est remarquable comme place forte défendant le col du mont Genèvre et servant de point de concentration aux armées françaises entre le mont Cenis et le col de Tende, entre le Rhône et la mer. C'est une position militaire des plus importantes. D'abord le mamelon sur la pente duquel elle s'élève est couronné par le *fort Vieux* ; plusieurs redoutes et lunettes battent la route d'Italie, et la ville a une triple enceinte. Puis, sur le versant opposé de la Durance s'élèvent les principales fortifications. Elles communiquent avec la ville par un pont merveilleux de 40 mètres d'ouverture, élevé à 65 mètres du gouffre où mugit la Durance. Une excellente route monte de ce pont aux forts qui communiquent entre eux par de bons chemins et des galeries souterraines. Le plus grand s'appelle les *Trois-Têtes*: il couronne un mamelon à triple sommité: à son niveau est le *fort Dauphin*: à 100 mètres plus haut et vers la Durance se trouve le *Randouillet* ; à 200 mètres au-dessus, le *fort d'Anjou* et, plus haut encore, la lunette du *Point-du-Jour*. Les mamelons sur lesquels s'élèvent ces forts et la ville appartiennent au mont *Infernet* (2.380 m.) sur le sommet duquel s'élève un autre fort, dominé lui-même par les ouvrages du *Gondran* (2.464 m.).

C'était la capitale du Briançonnais, petit pays qui se maintint indépendant durant plusieurs siècles et se soumit volontairement aux Dauphins. En 1343, Humbert, le dernier des dauphins, céda à Philippe VI de Valois le Briançonnais avec le Dauphiné, cession qui fut confirmée en 1349.

Sous Louis XIV, en 1693, Vauban rédigea les projets d'amélioration qui furent exécutés à Briançon.

En 1815, Briançon soutint un blocus de trois mois.

CALAIS

Plan-Relief a l'échelle du 600ᵉ,
construit en 1691,
réparé en 1774 et en 1833 *(Cl. M. H.)*

Dimensions : 7 m. 53 sur 4 m. 63.

Situation dans le musée : GALERIE LOUIS-LE-GRAND.

Calais, ville forte et maritime du département du Pas-de-Calais, sur les côtes de la Manche, ferme l'estuaire des « wateringhes » de la région. Elle est assez régulièrement bâtie ; ses monuments les plus remarquables sont les églises de Saint-Pierre et de Notre-Dame de Bon-Secours, l'hôtel-de-ville qui a un beffroi élégant, etc. Ses fortifications de terre et de mer étaient considérables ; leur circuit est entouré moitié par la mer et moitié par des terres marécageuses qu'on pouvait inonder. Les ouvrages détachés de la place étaient la redoute des Crabes, le fort de Nieulay, etc.

Peu de villes en France ont un nom plus populaire et ont donné plus de preuves de dévouement à la patrie : peu de villes aussi ont conservé plus profondément le souvenir de leurs glorieux ancêtres et de leur nationalité. Au xiᵉ siècle, Calais n'était encore qu'un petit village de pêcheurs, qui dépendit tour à tour des comtés de Boulogne et de Guines, et obtint une charte de commune au xiiᵉ siècle. Louis, fils de Philippe-Auguste, s'y embarqua à l'appel du pape Innocent II. pour aller prendre la couronne d'Angleterre ; Philippe Hurepel, comte de Boulogne, la fortifia et sa veuve céda à Louis IX cette place devenue importante. Pendant la guerre de Cent Ans, elle fit beaucoup de tort au commerce anglais et fut bientôt en butte à leur haine. Aussi, après la bataille de Crécy, Edouard III vint-il l'attaquer : 738 navires la bloquèrent par mer ; après un siège mémorable, elle fut prise, ses habitants expulsés et remplacés par des familles anglaises. Les rois d'Angleterre accordèrent de grandes faveurs à leur nouvelle conquête. Pendant les deux-cent dix ans qu'elle resta sous leur domination, elle devint l'entrepôt du commerce britannique avec les Pays-Bas et l'Allemagne ; c'était l'origine et l'asile assuré de toutes les invasions des Anglais en France. Jean-Sans-Peur et Philippe-le-Bon essayèrent inutilement de la reprendre en 1407 et 1437 ; enfin, en 1558, le duc de Guise, apparaissant subitement sous ses murs, s'empara des approches et de la ville en huit jours. Les habitants, chassés à leur tour, furent remplacés par ceux des villes ruinées de Thérouanne et de Saint-Quentin. Cette conquête fut reconnue par le traité de Cateau-Cambrésis (1559), et son territoire forma un gouvernement particulier, le *pays reconquis*. Prise en 1595 par les Espagnols, elle fut restituée par eux au traité de Vervins (1598). Sous Louis XIV, ses corsaires s'illustrèrent contre la marine et le commerce des Anglais, qui la bombardèrent deux fois en 1694 et 1695 ; elle joua un rôle moins important pendant la Révolution, et presque nul sous l'Empire.

La paix lui assura une grande prospérité dûe à l'importance de sa position au point de la côte le plus voisin de l'Angleterre.

CALVI

Plan-Relief a l'échelle du 600e,
CONSTRUIT EN 1887
PAR M. Gott, adjoint du Génie a Calvi *(Cl. M. H.)*
Dimensions : 1 m. 40 sur 1 m. 40.
Situation dans le musée : **GALERIE D'ASFELD (Ouest).**

Calvi, chef-lieu d'arrondissement, est située dans le Nord de la Corse, au fond d'un golfe, sur un rocher péninsulaire, et se divise en ville haute ou *citadelle*, et *marine* ou ville basse. Elle est très forte et son port pourrait abriter une flotte nombreuse. Mais, son commerce qui était autrefois important, a passé à l'Ile-Rousse, qui est mieux située. Ce changement est principalement dû au siège subi par cette ville en 1794, contre les Anglais, à la suite duquel elle fut entièrement ruinée et la population forcée de se réfugier à Toulon.

Calvi date du xiiie siècle. Cité génoise comme différentes autres places du littoral de la Corse, elle est devenue française avec le reste de l'île sous Louis XV, en 1768.

CAMP DE CHALONS (ferme du)

PLAN-RELIEF A L'ÉCHELLE DU 500ᵉ,
CONSTRUIT A LA GALERIE EN 1867,
RESTAURÉ EN 1920 *(Cl. M. H.)*

Dimensions : 1 m. 23 sur 1 m. 45.

Situation dans le musée : **GALERIE D'ARÇON (Nord).**

Le camp de Châlons, situé dans le département de la Marne, vaste de 12.000 hectares environ, compris entre Saint-Hilaire-le-Grand au nord, Suippes à l'est, Cuperly au sud et Mourmelon-le-Petit à l'ouest, a été créé en 1857 par Napoléon III. Il possède aujourd'hui divers bâtiments affectés au service de l'armée (champ d'expériences, parc d'aviation, etc.) ; le *pavillon national* (à 2 km. sud de l'église de Mourmelon) est édifié à l'emplacement de l'*ancien quartier impérial* qui figure sur le plan-relief.

CHATEAU-TROMPETTE

(Ancienne citadelle de Bordeaux)

PLAN-RELIEF A L'ÉCHELLE DU 200ᵉ,
CONSTRUIT EN 1705,
RESTAURÉ EN 1911 *(Cl. M. H.)*

Dimensions : 2 mètres sur 2 m. 35.

Situation dans le musée : **GALERIE D'ASFELD (Centre).**

Bordeaux, chef-lieu d'arrondissement de la Gironde, ancienne capitale de la Guyenne, a la forme d'un vaste croissant qui s'appuie sur le demi-cercle que forme le fleuve. Une longue et belle rue, le Cours du Chapeau-Rouge, allant de l'est à l'ouest, partage la ville en deux parties, l'ancienne et la nouvelle. La première, située au sud, est tortueuse, mal bâtie, irrégulière comme toutes les vieilles villes ; la seconde, située au nord, est coupée de belles rues, de belles promenades, et renferme de magnifiques constructions. On y remarque la promenade des Quinconces ouverte à l'emplacement du Château-Trompette qui avait été bâti en même temps que le fort du Hà, au sud-ouest de la ville, par Charles VII, après l'expulsion des Anglais de la Guyenne en 1453.

En 1660, Louis XIV passant à Bordeaux après la paix des Pyrénées et se rappelant la révolte de la ville en 1648, ordonna d'agrandir le Château-Trompette. En 1671, sous la direction de Nicolas Payen, nommé à cet effet ingénieur et architecte ordinaire, le château fut transformé en un grand fort rectangulaire bastionné avec logements sous les courtines, et terminé en 1681. C'est dans cet état, en sa prime jeunesse, que nous le montre le plan-relief de la Galerie et c'est ainsi qu'il se voit aussi, en premier plan sur la vue de Bordeaux, par Joseph Vernet, qui se trouve au Louvre, au Musée de la Marine.

La démolition du Château-Trompette ordonnée en 1785 par le ministère de Calonne fut commencée l'année suivante contre le gré du parlement et de la population ; aussi, en 1789, à la nouvelle de la prise de la Bastille, le peuple s'en empara-t-il. Mais, en fructidor an VII (1797), le Directoire ordonnait à nouveau la vente de ses terrains et Napoléon en 1808 faisait don à la ville des terrains et des matériaux, don renouvelé à titre gratuit en 1816 par Louis XVIII. En 1825, il ne restait plus rien de la vieille citadelle sur l'emplacement de laquelle s'élèvent depuis 1829 les colonnes rostrales des « Quinconces ».

CHERBOURG

PLAN-RELIEF A L'ÉCHELLE DU 600ᵉ,
CONSTRUIT A LA GALERIE DE 1811 A 1813 ;
RÉPARÉ ET MIS A JOUR EN 1872 *(Cl. M. H.)*

*Dimensions : 16 m. 91 sur 9 m. 46.
C'est le plus grand plan de la Galerie ;
il a coûté environ 115.000 francs.*

Situation dans le musée : GALERIE FOURCROY.

Cherbourg, chef-lieu d'arrondissement du département de la Manche, est située à l'extrêmité nord de la presqu'île du Cotentin, « dans une position audacieuse, » dit Vauban, parce qu'elle regarde le principal port militaire de l'Angleterre, au fond d'une baie comprise entre les caps Lévi et la Hague, abritée au sud par une hauteur qu'on appelle la montagne du *Roule*. C'est une place forte et un arsenal maritime de premier ordre dont le relief nous montre toutes les approches défendues par des redoutes ou des forts. On y trouve deux ports : l'un pour le commerce, l'autre pour la guerre ; ce dernier est situé à un kilomètre environ vers le nord-ouest, au fond d'une baie de 7.000 mètres d'ouverture et de 3.000 mètres de profondeur ; les bassins ont été creusés entièrement dans le roc à 19 mètres de profondeur au-dessous de la haute mer : ils sont entourés de cales magnifiques pour la construction des bâtiments de guerre, de formes de radoub, de chantiers, d'arsenaux, et enveloppés d'une enceinte bastionnée. Pour creuser ce port, on a extrait du rocher 3.600.000 mètres cubes de granit. En avant des deux ports, à 4.000 mètres du port de commerce et à 1.200 mètres du *fort Royal*, se trouve la fameuse digue qui forme la rade artificielle de Cherbourg, ouvrage gigantesque, le plus considérable de ce genre qui soit sorti de la main des hommes ; elle a près de 4 kilomètres de longueur, 150 mètres de largeur à sa base, 80 mètres à son sommet et 22 mètres de hauteur ; pour la construire il a fallu jeter dans la mer près de 5 millions de mètres cubes de pierre.

La rade de Cherbourg, fermée par cette digue, occupe une position avancée et dominante sur la Manche, d'où l'on découvre toutes les avenues de cette mer, d'où l'on peut les surveiller ou les occuper.

L'importance de Cherbourg date à peine de la fin du dix-huitième siècle.

D'origine gauloise, *Coriallum*, Cherbourg, n'était guère au moyen-âge qu'un port médiocre et un château-fort qui furent pris plusieurs fois par les Anglais. En 1686, Vauban comprit l'importance de cette position et y fit commencer quelques travaux qui furent abandonnés quelques années après. La bataille de la Hougue avait pourtant cruellement démontré la nécessité pour la marine française d'avoir un refuge dans cette mer de la Manche si orageuse, de navigation si difficile, et en face de l'Angleterre. Mais on hésitait entre Cherbourg et la Hougue à cause des travaux immenses qu'il y avait à faire sur l'un et l'autre point.

Enfin, pendant la guerre de Sept Ans, les Anglais ayant encore pris Cherbourg sans résistance et rançonné les habitants, on résolut d'en faire un port militaire : mais les travaux ne commencèrent que sous Louis XVI, en 1777.

Les fortifications établies par Napoléon Ier, en partie par des prisonniers espagnols, autour de l'Arsenal, ont été agrandies en 1838.

C'est à Cherbourg que Charles X, fugitif en juillet 1830, s'est embarqué pour l'Angleterre.

CHAVAGNAC (FORT)

(A Cherbourg)

PLAN-RELIEF A L'ÉCHELLE DU 100e,
CONSTRUIT A CHERBOURG EN 1866-1867,
DONNÉ A LA GALERIE EN 1868
PAR M. LE MINISTRE DE LA MARINE

Dimensions : 1 m. 41 sur 1 m. 11.

Situation dans le musée : **GALERIE FOURCROY**.

CONCHEE (LA)

(Dans la rade de Saint-Malo)

Plan-Relief a l'échelle du 72ᵉ,
construit en 1700, réparé en 1813 (*Cl. M. H.*)

Dimensions : 2 m. 05 sur 1 m. 75.

Situation dans le musée : GALERIE FOURCROY.

Le fort de la Conchée, déclassé en 1889, était construit sur le plus grand des deux ilôts de ce nom, au large de l'estuaire de la Rance dans le chenal de la Grande-Conchée, la plus fréquentée des passes maritimes qui conduisent les navires venant du nord-est au mouillage de Saint-Malo (Ille-et-Vilaine). Cet ilôt est situé à 4 kilomètres environ au nord de la ville.

Comme les fortifications de Saint-Malo, la Conchée commencée en 1694 est l'œuvre de Vauban qui avait projeté de lui donner des agrandissements assez considérables. Les travaux n'étaient pas terminés en 1695, lorsque contre sa croyance la flotte ennemie réussit à forcer la passe et arriva devant Saint-Malo.

CONSTANTINE

PLAN-RELIEF A L'ÉCHELLE DU 200e,
CONSTRUIT A CONSTANTINE DE 1839 A 1846,
PAR DUCLAUX ET ABADIE,
CONTINUÉ JUSQU'EN 1851 PAR ABADIE
ET ENTRÉ A LA GALERIE EN 1852 *(Cl. M. H.)*

La ville est inachevée sur les deux cinquièmes environ.

Dimensions : 6 m. 30 sur 5 m. 30.

Situation dans le musée : GALERIE LOUIS-LE-GRAND.

Constantine, ancienne capitale de la Numidie, chef-lieu du département d'Algérie qui porte son nom est située sur la rive gauche du Rummel (ou Roumel) dans une situation des plus remarquables, à 644 mètres au-dessus de la mer, sur un plateau ayant la forme d'un trapèze et l'aspect d'une presqu'île, ou plutôt d'un haut promontoire à roches vives et verticales qu'entoure profondément au sud-est et au nord le Rummel, réuni au Bou-Merzoug, et roulant de cascade en cascade ses eaux mugissantes.

L'intérieur de la ville est un dédale de petites rues, peu larges, sales et mal pavées, souvent recouvertes de voûtes, mais il est animé par une population active et paisible. Ses monuments les plus remarquables sont des ruines romaines, notamment des parties du pont d'El-Kantara sur le Rummel, près de l'angle oriental du plateau, les citernes de la Kasbah sur l'emplacement de l'ancien Capitole, etc.

Constantine est l'ancienne *Cirtha*, fondée soit par les Phéniciens, soit par les Grecs ; elle devint la capitale de l'empire de Massinissa, de Jugurtha et de Juba, et prit un grand accroissement sous la domination romaine : détruite par les soldats du parti de Maxence, en 311, Constantin-le-Grand la releva et lui donna son nom. Elle fut prise par les Vandales, détruite par les Arabes en 1520, occupée par les Turcs en 1568 ; elle devint alors la capitale d'un beylick dépendant du bey d'Alger, et dont l'histoire ne consiste que dans les tyrannies, les cruautés et les déprédations des beys. En 1836, une colonne française, commandée par le maréchal Clausel, tenta sans succès de s'emparer de Constantine. L'année suivante, une autre colonne commandée d'abord par le général Damrémont, qui fut tué pendant le siège, puis par le général Vallée, s'empara d'assaut de la ville.

EMBRUN

PLAN-RELIEF A L'ÉCHELLE DU 600ᵉ,
CONSTRUIT EN 1701,
RESTAURÉ EN 1783 ET EN 1792 *(Cl. M. H.)*

Dimensions : 3 m. 43 sur 3 m. 37.

Situation dans le musée : GALERIE D'ARÇON (Sud).

Embrun, chef-lieu d'arrondissement du département des Hautes-Alpes, est une ancienne place forte située sur la rive droite de la Durance, au sommet d'un plateau que terminent des roches à pic ; elle a été déclassée en 1882 et démantelée lors des travaux du chemin de fer.

Ses maisons sont assez bien bâties ; mais ses rues sont généralement étroites, tortueuses et sombres : on y remarque les remparts, l'ancien palais épiscopal aujourd'hui transformé en caserne et près duquel s'élève la curieuse tour Brune, la cathédrale, grand et bel édifice gothique dont on admire les vitraux.

Cette ville est l'*Ebrodunum* des Caturiges ; les Romains en firent un poste militaire important, et elle devint la capitale des Alpes-Maritimes. Dès le ɪvᵉ siècle c'était le siège d'un archevêché, dont les titulaires après la chute du royaume de Boson, prirent le titre de *princes* d'Embrun. Elle a été saccagée tour à tour par les Vandales, les Huns, les Lombards, les Maures, prise par Lesdiguières en 1585 et par le duc de Savoie en 1692. C'était la capitale de l'Embrunois, partie du haut Dauphiné, qui appartenait aux comtes de Forcalquier et qui passa par mariage dans la famille des Dauphins.

FORT-BARRAUX (ou Barrault)

PLAN-RELIEF A L'ÉCHELLE DU 600ᵉ,
CONSTRUIT EN 1674 ; RESTAURÉ A LA GALERIE
EN 1818 ET 1920 *(Cl. M. H.)*

Dimensions : 4 m. sur 4 m. 50.

Situation dans le musée : GALERIE D'ARÇON (Sud).

Fort-Barraux, situé sur la rive droite de l'Isère, dans le département de ce nom, à l'entrée du Graisivaudan du côté de la Savoie, est une place qui couvre Grenoble et toute l'Isère, et domine la route de Chambéry à Grenoble. Il a été construit par le duc de Savoie, Charles-Emmanuel, en 1597, et enlevé par surprise par le duc de Lesdiguières, qui en resta maître pour Henri IV. Sa fortification a été augmentée et perfectionnée par Vauban.

En 1815, Fort-Barraux joua un rôle utile pendant l'invasion.

C'est non loin du Fort-Barraux, sur la rive gauche de l'Isère, que s'élèvent les ruines du château de *Bayard* où naquit le *Chevalier sans peur et sans reproche.*

FORT-LA-GARDE
à Prats-de-Mollo.

PLAN-RELIEF A L'ÉCHELLE DU 600ᵉ,
CONSTRUIT EN 1691 ;
RÉPARÉ A LA GALERIE EN 1816 *(Cl. M. H.)*

Dimensions : 1 m. 67 sur 1 m. 04.

Situation dans le musée : GALERIE D'ARÇON (Sud).

Prats-de-Mollo, est situé dans le département des Pyrénées-Orientales, sur la rive gauche du Tech, à l'entrée du Vallspir. C'est une ancienne place forte, entourée de vieilles murailles flanquées de tours, qui couvrait le débouché du col des Aires ou la route de Campredon ; sa construction remonte à 1684 et sa citadelle est l'œuvre de Vauban.

La défense de Prats-de-Mollo est complétée au nord-est par le *fort la Garde* et plus loin par le *fort des Bains*, petit quadrilatère bastionné, bâti sur la croupe septentrionale du Montalban, et destiné à couper la vallée du Tech et la route de Prats-de-Mollo par Céret sur Perpignan.

En 1689, une colonne française passa par le col des Aires avec de l'artillerie légère pour aller assiéger Camprodon en Catalogne.

FORT-LES-BAINS (Amélie-les-Bains)

PLAN-RELIEF A L'ÉCHELLE DU 600ᵉ,
CONSTRUIT EN 1691 ;
RÉPARÉ EN 1816 *(Cl. M. H.)*

Dimensions : 1 m. 58 sur 1 m. 10.

Situation dans le musée : **GALERIE D'ARÇON (Sud).**

Ancien poste de guerre, déclassé, situé au-dessus d'Amélie-les-Bains (Pyrénées-Orientales) au confluent du Mondony avec le Tech. (*Voyez :* FORT-LA-GARDE).

Construit sous Louis XIV ; visité par Vauban en 1679.

FORT PÂTÉ

Plan-Relief a l'échelle du 187e 1/2,
construit en 1703 ;
réparé en 1772 et en 1920 *(Cl. M. H.)*

Dimensions : 1 m. 67 sur 1 m. 20.

Situation dans le musée : GALERIE D'ASFELD (Centre).

Le *fort Pâté* (Gironde), nommé aussi *Pâté de Blaye*, et autrefois *fort de l'Isle*, est situé dans une île de la Gironde en face de Blaye. (*Voyez :* BLAYE).

Il a été construit en 1689-1691 ; avec la citadelle de Blaye sur la rive droite et le fort Médoc sur la rive gauche, il barre la Gironde dont la largeur d'une rive à l'autre est en cet endroit de 4 kilomètres.

FORT DE LA PRÉE

Plan-Relief a l'échelle du 600e,
construit en 1704 ;
réparé en 1771 *(Cl. M. H.)*

Dimensions : 2 m. 40 sur 1 m. 72.

Situation dans le musée : GALERIE D'ASFELD (Ouest).

Situé dans l'Ile-de-Ré (Charente-Inférieure), sur sa côte nord, à 6 kilomètres et demi E.-S.-E. de Saint-Martin-de-Ré, le *fort de la Prée*, bat le Coureau et la rade de la Pallice et le fond du Pertuis breton.

(*Voyez :* SAINT-MARTIN-DE-RÉ).

FORT-L'ÉCLUSE

PLAN-RELIEF A L'ÉCHELLE DU 600ᵉ,
CONSTRUIT A LA GALERIE EN 1832 ET 1841
RÉPARÉ 1867 ET 1910 *(Cl. M. H.)*

Dimensions : 3 m. 50 sur 2 m. 55.

Situation dans le musée : GALERIE D'ARÇON (Centre).

Fort-l'Ecluse, défend la route de Lyon à Genève par Nantua. C'est une forteresse située à 40 mètres au-dessus du Rhône, sur la rive droite et au point où ce fleuve, avec la route et le chemin de fer de Lyon à Genève traversent le défilé de l'Ecluse (ou mieux : le *Pas de la Cluse*), profondément encaissé entre le mont Vuache et le Grand-Crêt-d'Eau, dans le flanc duquel il est en partie creusé.

L'importance de cette position avait déjà été reconnue par César. En 1225, la puissante abbaye de Saint-Claude inféoda le passage à Amédée II, sire de Gieso, qui le ferma par une petite construction militaire qui devint bientôt un château-fort.

Le Fort-l'Ecluse fut reconstruit sous Louis XIV et Louis XV sur les données de Vauban. Détruit par les Autrichiens, il y fut fait, lors de sa réédification en 1824 et dans la suite, de nombreux travaux d'agrandissement.

FORT-L'ÉCLUSE

PLAN-RELIEF A L'ÉCHELLE DU 200ᵉ,
CONSTRUIT A LA GALERIE EN 1844 *(Cl. M. H.)*

Dimensions : 2 m. 17 sur 0 m. 80.
Ce plan-relief à pièces mobiles est destiné à montrer tous les détails intérieurs de l'ouvrage.

Situation dans le musée : GALERIE D'ARÇON (Centre).

GRAVELINES

PLAN-RELIEF À L'ÉCHELLE DU 600ᵉ,
CONSTRUIT EN 1699 ;
RÉPARÉ EN 1771 ET 1819 *(Cl. M. H.)*

Dimensions : 4 m. 60 sur 3 m. 73.

Situation dans le musée : GALERIE LOUIS-LE-GRAND.

Gravelines, dans le département du Nord, est située sur la rive gauche de l'Aa canalisé, à son embouchure dans la mer du Nord ; elle est propre et bien bâtie, mais ne possède pas de monuments remarquables.

Gravelines (en flamand *Gravenlinghe*) n'était au VIIᵉ siècle qu'un village nommé Saint-Willebrod, situé au milieu des marais de l'Aa, dont l'embouchure était alors obstruée par les sables. En 1160, Thierry d'Alsace y bâtit une forteresse et son fils fit creuser jusqu'à la mer, pour l'écoulement des eaux de l'Aa, un canal, nommé *Graf-Linghe* (canal du comte), qui a donné son nom à la ville. Prise par les Anglais en 1383 et 1405, fortifiée par Charles-Quint, en 1513, elle est célèbre par la bataille de 1558, où les Français furent défaits. Prise par Gaston d'Orléans et Tromp, en 1644, reprise en 1652 par les Espagnols, elle se rendit de nouveau aux Français en 1658 après un siège où Vauban commandait lui-même les attaques et sa possession leur fut confirmée en 1661 par le traité des Pyrénées. Elle était alors renommée pour son insalubrité à cause des marais infects qui l'entouraient ; malgré les travaux de Vauban et du chevalier de Ville, elle resta malsaine et n'avait que 800 habitants en 1764 ; mais, dans le courant du XIXᵉ siècle on a fait à l'Aa un nouveau chenal, qui va aujourd'hui à 1.500 mètres au delà de la laisse de haute mer ; aussi, malgré les dépôts que ne cesse de former la rivière, la ville a perdu sa mauvaise renommée.

Les fortifications de Gravelines, inspirées du système du chevalier de Ville furent complétées en 1693 par Vauban ; elles avaient pour ouvrage détaché le *fort Philippe.*

GRENOBLE

PLAN-RELIEF A L'ÉCHELLE DU 600ᵉ,
CONSTRUIT A LA GALERIE DE 1838 A 1848 *(Cl. M. H.)*

*Ce relief, qu'on peut considérer
comme le chef-d'œuvre de la Galerie,
a coûté 65.200 francs.*

*La représentation des rochers
a nécessité quatre mois d'études sur les lieux.*

Dimensions : 8 m. 20 sur 7 m. 25.

Situation dans le musée : GALERIE d'ARÇON (Centre).

Grenoble, chef-lieu du département de l'Isère, ancienne capitale du Dauphiné est située au milieu de la vallée pittoresque du Graisivaudan, au pied du mont Rachais, ramification des monts de la Chartreuse, d'où l'on jouit d'une vue magnifique sur les vallées de l'Isère et du Drac.

La ville est traversée par l'Isère, qui la partage en deux parties inégales, un peu en amont du confluent du Drac. Sur la rive droite, resserré entre le fleuve et les montagnes, est le *quartier Saint-Laurent*, nommé aussi *la Perrière*, qui ne consiste qu'en une grande rue, populeuse et commerçante, bordée d'un beau quai. Il est enveloppé d'une faible muraille, s'appuie à la montagne du *Rabot* que surmonte celle de *la Bastille*, ainsi nommée à cause des restes d'une vieille forteresse, aujourd'hui remplacée par un fort qui domine la ville, et au-dessus duquel s'élève encore le sommet du mont Rachais. Sur la rive gauche est le quartier de *Bonne*, qui communique avec le premier par plusieurs ponts ; il est beau, bien percé, bordé de quais superbes, et renferme plusieurs places et de jolies promenades ; il est entouré d'une enceinte bastionnée.

Grenoble renferme un certain nombre de monuments remarquables : l'église Notre-Dame, l'église Saint-André, où se trouvaient les tombeaux des Dauphins détruits par le baron des Adrets ; l'ancien hôtel de Lesdiguières, qui sert aujourd'hui d'hôtel-de-ville ; la place Saint-André avec la statue de Bayard ; le palais de justice, remarquable par son architecture gothique, les bâtiments de l'hôpital, ceux de la bibliothèque, etc.

Cette ville, avec ses remparts en terrasse d'où l'on domine la brillante vallée du Graisivaudan, a conservé l'aspect d'une place de guerre de haute importance. Le chevalier de Ville commença à la fortifier ; après lui Vauban en traça l'enceinte qui a été agrandie en 1832 par l'adjonction des faubourgs de Saint-Joseph et des Trois-Cloîtres bâtis dans la plaine et qui furent entourés alors de remparts se reliant aux fortifications de la Bastille. Grâce à sa position, aux travaux de défense constitués par son enceinte bastionnée et sa citadelle, la place de Grenoble classée autrefois dans la première série des places fortes était considérée comme le centre de la défense du bassin de l'Isère.

Cette ville existait du temps de César sous le nom de *Cularo* ; elle fut, en 374, agrandie sinon rebâtie par l'empereur Gratien, et s'appela alors *Grationopolis*, d'où vient le nom de Grenoble. C'est du même siècle que date son évêché. Elle passa au pouvoir des Bourguignons, suivit les destinées du pays des Allobroges, et devint au xiii° siècle la résidence des Dauphins de Viennois, qui y établirent un conseil delphinal avec juridiction souveraine, transformé en parlement par Louis XI en 1451. Pendant les guerres de religion elle fut deux fois prise et dévastée par le baron des Adrets. Elle eut beaucoup à souffrir de la révocation de l'édit de Nantes. En 1814 et 1815, elle fut occupée par les Alliés ; la première elle ouvrit ses portes à Napoléon, débarqué de l'île d'Elbe.

Grenoble est le lieu de naissance de Condillac, Mably, Vaucanson, Mounier, Barnave, Casimir-Périer, etc.

HAM (Château de)

PLAN-RELIEF A L'ÉCHELLE DU 200°,
CONSTRUIT EN 1842 PAR DÉTRIMONT,
COMMANDANT DE LA PLACE :
RESTAURÉ EN 1920 *(Cl. M. H.)*

Dimensions : 2 m. 05 sur 1 mètre.

Situation dans le musée : GALERIE d'ARÇON (Nord).

Complètement rasé par les Allemands au cours de la guerre de 1914-1918, le célèbre château-fort de Ham

(Somme) était situé au milieu des marais de la Somme
divisée en cet endroit en plusieurs bras et sur le
canal de la Somme.

Ancien poste de guerre déclassé en 1867, le château
de Ham, origine de la ville, reconstruit en 1216 et 1450,
avait été bâti dans les premiers temps du régime féo-
dal ; sa principale tour, dite du *Connétable,* avait été
construite en 1470 par le fameux Louis de Luxembourg,
connétable de Saint-Pol. Il eut à subir de nombreux
sièges.

Longtemps il servit de prison d'Etat et depuis le
XVII⁰ siècle, cette prison fut presque toujours pleine.

Les principaux prisonniers du château de Ham furent : Jeanne d'Arc ; Louis de Condé, chef huguenot ;
le duc de Larochefoucauld, Marbeuf, Choiseul, Mont-
morency, gentilshommes émigrés ; le général Travot,
sous la deuxième Restauration ; puis, en 1840, les ministres de Charles X : de Peyronnet, de Polignac, de
Guernon-Ranville, de Chantelauze ; en 1840, le général
carliste Cabrera jusqu'au 16 août ; de 1840 à 1846, le
prince Louis-Napoléon Bonaparte (Napoléon III) et sa
suite : le docteur Conneau, le général Montholon, Thé-
lin, valet de chambre ; en 1849, le chef arabe Bou-Ma-
za ; en 1851, après le coup d'Etat du 2 décembre : les
généraux Cavaignac, Bedeau, Lamoricière, Changar-
nier, Leflô, le colonel Charras et les représentants Roger (du Nord) et Baze.

HUNINGUE

PLAN-RELIEF A L'ÉCHELLE DU 600⁰,
CONSTRUIT EN 1756 ; RESTAURÉ EN 1920 *(Cl. M. H.)*

Dimensions : 1 m. 88 sur 2 mètres.

Situation dans le musée : GALERIE VAUBAN.

Huningue, petite ville située sur le Rhin, était autrefois une des places les plus importantes de la France,
non par son étendue, mais par sa position qui fermait

l'entrée du pays par le pont de Bâle. En 1815, le général Barbanègre, avec 500 hommes de garnison, y soutint un siège mémorable contre 25.000 alliés. Après douze jours de tranchée ouverte, il dut capituler, et sortit à la tête des débris de sa garnison avec les honneurs de la guerre.

Huningue a été démantelée en vertu du traité de 1815 qui voulait que la barrière du Rhin put être tournée de ce côté, et l'entrée de la France ouverte. C'est à la suite du démantèlement d'Huningue qu'on avait fortifié considérablement Belfort ; mais cette place ne couvrant que la route de Paris et non celle de Strasbourg, le démantèlement d'Huningue n'en était pas moins resté une brèche désastreuse faite à la frontière française.

JOUX (Fort de)
et Fortins du Larmont.

PLAN-RELIEF A L'ÉCHELLE DU 600ᵉ,
CONSTRUIT A LA GALERIE EN 1826 ;
RESTAURÉ ET MIS A JOUR EN 1867-1868 *(Cl. M. H.)*

Dimensions : 3 m. 48 sur 1 m. 76.

Situation dans le musée : GALERIE D'ARÇON (Sud).

Les forts de Joux et du Larmont situés dans le département du Doubs, sur la rive droite de cette rivière, commandent la gorge de *la Cluse*, étroit défilé, où sur un roc escarpé, aux pentes sablonneuses, serpente la route de Pontarlier, qui en cet endroit se bifurque sur Lausanne au sud-est et sur Neufchâtel au nord-est, et où passent les voies ferrées qui conduisent à ces deux villes par le col de la Jougne.

Le fort de Joux est bâti sur un mamelon isolé, dans la position la plus pittoresque. Il se compose de trois enceintes entourées de fossés et réunies par des ponts-levis. C'est un des châteaux féodaux les plus anciens de la Franche-Comté : dès le Xᵉ siècle ses seigneurs qui en portaient le nom, étaient vassaux du duc de Bourgogne.

Le fort de Joux qui couvre un des points vulnérables de la frontière de la France a joué aussi comme prison d'Etat, un grand rôle politique : Mirabeau s'en évada en 1776 après huit mois de séjour, Toussaint-Louverture y mourut en 1803, le marquis de Rivière (conspirateur avec Cadoudal), le général Dupont après la capitulation de Baylen, le cardinal Cavalchini, le poète allemand Henri de Kleist y furent enfermés.

En 1871, le fort de Joux couvrit la retraite en Suisse de l'armée de l'Est.

LANDRECIES

PLAN-RELIEF A L'ÉCHELLE DU 600ᵉ,
CONSTRUIT EN 1723 SOUS LA DIRECTION DE LA DEVÈZE,
INGÉNIEUR DU ROI ; RÉPARÉ A LA
GALERIE EN 1768 ET EN 1816 *(Cl. M. H.)*

Dimensions : 3 m. 88 sur 2 m. 90.

Situation dans le musée : GALERIE LOUIS-LE-GRAND.

Landrecies, ancienne place forte du département du Nord, déclassée en 1889 et démantelée, est située sur la rive droite de la Sambre canalisée, à 16 kilomètres de sa source, dans une belle prairie et près de la forêt de Mormal. Elle n'a pas de monuments, mais grâce à la canalisation de la Sambre, elle fait un commerce important de grains, lin, bois, charbon, bestiaux.

D'origine féodale, Landrecies semble remonter à la construction d'un château, en 1140, par les seigneurs d'Avesnes, et est célèbre par les nombreux sièges qu'elle a subis : les Français la prirent en 1477, 1521, 1543 ; l'année suivante Charles-Quint échoua devant ses murs avec 50.000 hommes ; elle fut prise encore par les Français en 1637, par les Espagnols en 1647, par Turenne en 1665 ; enfin, elle fut réunie à la France en 1668.

Vauban et de Ville en avaient fait une ville très forte ; elle supporta encore deux sièges célèbres, celui de 1712, où elle fut délivrée par la bataille de Denain, et celui de 1793, où elle fut prise par les Autrichiens.

LAON

PLAN-RELIEF A L'ÉCHELLE DU 600e,
CONSTRUIT A LA GALERIE DE 1854 A 1858,
MIS A JOUR EN 1867
ET COMPLÈTEMENT RESTAURÉ EN 1910 *(Cl.* **M. H.***)*

Dimensions : 5 m. 25 sur 3 m. 85.

Situation dans le musée : GALERIE D'ARÇON (Nord).

Laon chef-lieu du département de l'Aisne occupe le sommet d'une montagne complètement isolée au milieu d'une plaine vaste et fertile qu'elle domine d'environ 100 mètres ; une vieille muraille flanquée de tourelles l'entoure ; des boulevards en terrasse y forment une promenade agréable et cinq faubourgs s'étendent à ses pieds ; sa citadelle et l'escarpement de la montagne sur laquelle elle est située en font une forte position en avant de l'Aisne, sur la route d'Avesnes à Paris

Ses principaux édifices sont : la tour de Louis-d'Outremer ; la tour penchée qui est inclinée d'environ 10 degrés ; l'ancienne cathédrale de Notre-Dame, qui date de l'an 1115, et dont le style tient à la fois du romain et du gothique : elle est surmontée de deux tours inachevées ; l'église Saint-Martin, surmontée de quatre tours tronquées ; l'hôtel de la préfecture, établi dans l'ancienne abbaye de Saint-Jean, ainsi que la bibliothèque de la ville ; l'Hôtel-Dieu établi dans les bâtiments de l'ancienne abbaye de Saint-Martin.

Laon doit son origine à une forteresse gauloise qui, au Ve siècle, portait le nom de *Laudunum* ; les Vandales, en 407, et Attila essayèrent vainement de s'en emparer, mais elle tomba au pouvoir des Francs et fut habitée par Brunehaut après le meurtre de Sigebert, son époux. Les derniers rois de la deuxième race, Charles le Simple et Louis d'Outremer, ne possédant plus que le Laonnais propre, en avaient fait la capitale de leurs Etats ; aussi, la ville fut-elle à diverses reprises assiégée et conquise par leurs adveraires les ducs de France. Lothaire et Louis V y reçurent le jour. Elle devint ville communale au commencement du XII° siècle et l'histoire de la lutte des bourgeois contre leur évêque, qui était aussi leur seigneur, forme un des chapitres les plus intéressants de l'histoire de la formation des communes en France. Pendant les guerres des Anglais et les guerres de religion, Laon fut souvent assiégé et prise par différents partis. Henri VI s'en empara sur la Ligue en 1594. Elle perdit de son importance au XVII° siècle, ses fortifications étant devenues inutiles : elle obtint en 1757 l'autorisation de combler les fossés de son mur d'enceinte ; en 1815, quoique démantelée, elle soutint quinze jours de siège contre les armées ennemies victorieuses à Waterloo. En 1870, l'explosion d'une poudrière dans la citadelle n'empêcha pas les Prussiens d'entrer dans la ville qui souffrit beaucoup aussi de l'occupation ennemie pendant la Grande Guerre de 1914-1918.

Laon a vu naître Saint-Remy et le Maréchal Serurier.

LÉRINS (Iles de)

(Ile Ste-Marguerite et Ile St-Honorat).

PLAN-RELIEF A L'ÉCHELLE DU 2.200°,

CONSTRUIT EN 1728 ;

RESTAURÉ A LA GALERIE EN 1816 ET 1920 *(Cl. M. H.)*

(POUR UN MOTIF DIFFICILE A JUSTIFIER,

L'ÉCHELLE DU FORT EST DU 1.175° ENVIRON)

Dimensions : 1 m. 60 sur 1 m. 40.

Situation dans le musée : GALERIE D'ASFELD (Ouest).

Sur la Méditerranée, en face de Cannes (Alpes-Maritimes), entre les golfes Jouan et de la Napoule, se trouve le petit archipel des îles de Lérins, dont le relief figure les deux plus importantes : Sainte-Marguerite et Saint-Honorat. La première qui a 6 kilomètres de longueur, est la plus rapprochée de Cannes ; elle n'a d'autres habitants que quelques pêcheurs. Elle fut défrichée par les Bénédictins des îles de Lérins, auquel Richelieu l'enleva en 1637, pour y faire construire un château-fort qui devint célèbre comme prison d'Etat : c'est là que, sous Louis XIV fut enfermé le fameux Masque de fer et, en 1871, l'ex-maréchal Bazaine qui parvint à s'en évader. Aujourd'hui, on n'y trouve plus que quelques arbustes et des plantes aromatiques.

Saint-Honorat ou Lérins n'a que 1.000 mètres de long sur 400 de large ; elle est fertile, agréable, et était jadis en partie couverte de pins, en partie cultivée. Elle est célèbre par le grand monastère fondé en 400, qui devint la plus fameuse communauté des Gaules, celle d'où sortirent une foule de prélats, de saints et de savants. Elle fut dévastée par les Sarrasins, qui tuèrent tous les religieux. Fortifiée alors par une vaste tour qui existe encore, elle fut prise par les Espagnols en 1534, en 1566 et en 1635 et par les Anglais en 1746. En 1793, la flotte française bloquée par les Anglais dans le golfe Jouan, vint s'abriter derrière Sainte-Marguerite.

MARSAL

PLAN-RELIEF A L'ÉCHELLE DU 600ᵉ,
CONSTRUIT A LA GALERIE EN 1839 ;
MIS A JOUR EN 1860 *(Cl. M. H.)*

Dimensions : 6 m. 57 sur 4 m. 82.

Situation dans le musée : GALERIE VAUBAN.

Marsal, *Marosallensis vicus* des Romains, est une ancienne petite place forte du département de la Moselle située sur la Seille.

Elle fut assiégée en 1815, puis en 1870 par les Bavarois qui s'en emparèrent le 15 août.

Son église paroissiale, autrefois abbatiale est un des rares édifices de l'époque romane en Lorraine.

MARSEILLE (Fort Saint-Nicolas ou Citadelle de)

PLAN-RELIEF A L'ÉCHELLE DU 183e,
CONSTRUIT EN 1864 ;
RÉPARÉ A LA GALERIE EN 1816 *(Cl. M. H.)*

Dimensions : 1 m. 42 sur 1 m. 30.

Situation dans le musée : GALERIE D'ASFELD (Ouest).

Marseille (Bouches-du-Rhône) est protégée par les *forts Saint-Nicolas et Saint-Jean* qui défendent l'entrée du port, par le château de *Notre-Dame-de-la-Garde*, qui n'est qu'une chapelle avec vigie, enfin, par le *château d'If*, dans l'île de ce nom, et les îles *Pomègue* et *Ratoneau*, qui ferment sa rade.

Le fort Saint-Nicolas se trouve du côté est du vieux port, le fort Saint-Jean occupant l'autre côté. Ils furent construits par Louis XIV, le premier en 1660 et le second en 1664, pour maintenir les Marseillais qui manifestaient des résistances au sujet de leurs franchises municipales et des impôts dont ils étaient frappés.

Au début de la Révolution, les Marseillais démolirent les fronts tournés du côté de la ville.

MARSEILLE (Château d'If)

PLAN-RELIEF A L'ÉCHELLE DU 195e,
CONSTRUIT EN 1688 ; RESTAURÉ A LA GALERIE
EN 1816 ET 1921 *(Cl. M. H.)*

Dimensions : 1 m. 55 sur 1 m. 36.

Situation dans le musée : GALERIE D'ASFELD (Ouest).

Le Château d'If est un célèbre château-fort qui couvre entièrement un îlot rocheux situé dans la baie de

Marseille. Il a été construit sous François Ier. Pendant les guerres civiles il fut restitué à la France en 1508 avec l'île Pomègue, par le grand-duc de Toscane.

Il a servi de prison d'Etat et Mirabeau y fut enfermé. Alexandre Dumas père l'a rendu célèbre par son fameux roman de Monte-Christo.

METZ

PLAN-RELIEF A L'ÉCHELLE DU 600e,
CONSTRUIT A LA GALERIE
DE 1821 A 1825,
DONT LA MISE A JOUR, COMMENCÉE EN 1868,
EST RESTÉE INTERROMPUE APRÈS LA GUERRE
DE 1870-71
ET N'A ÉTÉ REPRISE QU'EN 1919 *(Cl. M. H.)*

Dimensions : 9 m. 22 sur 7 m. 50.

Situation dans le musée : GALERIE VAUBAN.

Metz, chef-lieu du département de la Moselle, est une ville assise dans un site charmant, entourée de riantes collines. Située sur les deux rives de la Moselle, au confluent de la Seille, elle est bâtie partie en amphithéâtre, partie en plaine. Elle présente un bel aspect et déroule devant le visiteur un panorama merveilleux du haut de son esplanade, magnifique promenade construite sur l'emplacement de l'ancienne citadelle et où se trouve la statue du maréchal Ney. Ses rues, surtout sur la rive droite, sont étroites, tortueuses, escarpées ; mais ses maisons, bâties en pierre de taille, sa magnifique cathédrale, ses immenses fortifications, sa population animée, le paysage varié et plantureux du bassin de la Moselle, en font une des villes les plus intéressantes de la France.

Le plan-relief figure la ville telle qu'elle était avant 1871 : on y entrait par neuf portes garnies d'ouvrages fortifiés : celle de Saint-Thibault ou de Nancy menait à l'esplanade, deux autres menaient aux îles dans lesquelles se trouvaient le polygone de l'artillerie, le champ de manœuvres, la poudrière, etc., la porte Serpenoise, classée parmi les monuments historiques, celle des Allemands transformée aujourd'hui en musée archéologique, etc. Les principaux ouvrages de Metz consistaient alors dans le *fort Bellecroix*, placé sur un coteau et couvrant toute la partie orientale de la ville depuis la porte d'Allemagne jusqu'à la Moselle ; la *Double-Couronne*, défendant la partie septentrionale de la ville, etc. La Seille, y entrant par deux bras, servait à sa défense : au moyen d'une retenue ses eaux s'exhaussant de huit mètres permettaient d'inonder les environs à quatre kilomètres de distance.

La cathédrale de Metz, construite du XIe au XVIe siècle est un chef-d'œuvre de hardiesse et d'élégance ; elle est remarquable surtout par la hauteur extraordinaire de ses verrières et l'élancement des piliers supportant sa nef.

Parmi les édifices dignes de retenir l'attention, il faut citer : l'arsenal occupant l'emplacement d'une ancienne abbaye, l'hôpital militaire, les casernes, la bibliothèque publique renfermant de précieux manuscrits, le musée de peinture et de sculpture, le palais de justice, la place Saint-Louis avec une statue du roi de France de ce nom, etc.

Metz était la capitale des *Médiomatrici*, et elle devint sous la domination romaine, l'une des villes les plus importantes de la Gaule. Elle fut sous les fils de Clovis, la capitale du royaume d'Austrasie et au démembrement de l'empire de Charlemagne, elle fit partie de la Lotharingie. Les empereurs d'Allemagne pour arrêter les projets des rois de France sur cette ancienne partie de la Gaule, la fortifièrent, lui donnèrent de grands privilèges, enfin en firent une ville libre et impériale qui se gouvernait par elle-même et était en réalité une république bourgeoise.

Les relations de cette ville avec la France avaient presque entièrement cessé depuis plusieurs siècles, lorsque Charles VII conduisit les grandes compagnies, sur la demande de René II, duc de Lorraine, à la conquête des Trois-Evêchés. Il mit le siège devant Metz et la somma de reconnaître la suzeraineté de la France (1444). Elle répondit « qu'elle n'avait jamais été du royaume », fit une défense vigoureuse et ne se sauva qu'en payant une rançon de 100.000 écus. Henri II s'en empara ainsi que de Toul et de Verdun.

La ville de Metz et ses environs : Gravelotte, Mars-la-Tour, Saint-Privat, etc., évoquent à chaque pas les glorieux et tragiques souvenirs de 1870.

Metz a vu naître le maréchal Fabert (1599-1662), l'aéronaute Pilâtre de Rozier (1756-1785), les frères Lacretelle, les généraux Richepanse (1770-1802) et Paixhans (1783-1854), le compositeur Ambroise Thomas, etc.

MONT-DAUPHIN

Plan-Relief a l'échelle du 600ᵉ, construit en 1709 et réparé en 1763 *(Cl. M. H.)*

Dimensions : 3 m. 42 sur 2 m. 90.

Situation dans le musée : GALERIE D'ARÇON (Sud).

Mont-Dauphin, ancienne place forte qui n'a que 500 habitants, est bâtie à une hauteur de 900 mètres, sur le mamelon qui sépare au nord les vallées du Guil et de la Durance. Destinée à contenir une population plus nombreuse que celle qui s'y est effectivement groupée, elle gardait les débouchés d'Italie sur Briançon, fort de Queyras, le col de Vars et Embrun.

Le projet de cette place construite pour l'amélioration de la défense des Alpes fut le plus important de ceux que Vauban redigea à Nice en 1692-1693 ; augmenté en 1700 ce fut l'un des premiers proposés à Lepelletier de Souzy, successeur de Louvois comme directeur général des fortifications de terre et de mer.

MONTMÉLIAN

PLAN-RELIEF A L'ÉCHELLE DU 411°,4,
CONSTRUIT EN 1693 ET RÉPARÉ EN 1790
A LA GALERIE PAR GENGEMBRE, CONSERVATEUR ;
PUIS EN 1920 *(Cl. M. H.)*

CE RELIEF REPRÉSENTE LA PLACE APRÈS LE BOMBARDEMENT DE 1691

Dimensions : 4 m. 61 sur 4 m. 12.

Situation dans le musée : GALERIE D'ARÇON (Sud).

Montmélian, est située dans le département de la
Savoie, sur la rive droite de l'Isère, qu'on y franchit
par un pont, au croisement de la route qui vient de
Chambéry; sa forteresse qui occupait le haut d'un rocher isolé dominant la ville était une des plus importantes de la Savoie; elle est aujourd'hui en ruines.

Anciennement *Mons Æmilianus*, Montmélian appartenait autrefois aux ducs de Savoie et fut prise par
François Ier, en 1523. En 1600, Henri IV la fit assiéger
par le baron de Rosny et faillit lui-même y être tué,
Louis XIII dut en lever le siège après treize mois d'attaques infructueuses.

Sous Louis XIV, en 1691, Catinat s'en empara après
33 jours de tranchée suivis d'un bombardement et d'un
tir à boulets rouges qui incendièrent la ville ; le gouverneur Bagnasco obtint une capitulation honorable
et en 1696 la ville fut rendue à la Savoie. En 1703 et
1705, elle fut bloquée par le maréchal de Tessé rejoint
plus tard par la Feuillade, puis par le marquis de la
Fare qui la prit le 15 décembre 1705 ; son gouverneur
de Santena, en sortit avec les honneurs de la guerre ;
de janvier à août 1706 on commença à démolir les fortifications. En 1742, les Espagnols avec l'infant Don
Philippe campèrent sous ses murs ; prise de nouveau
par les Français, en 1792, elle fut enfin cédée à la
France avec la Savoie, en 1860.

MONT SAINT-MICHEL

Plan-Relief a l'échelle du 144ᵉ environ,
construit en 1701 *(Cl. M. H.)*

Dimensions : 2 m. 23 sur 1 m. 60.

Situation dans le musée : GALERIE FOURCROY.

Le mont Saint-Michel (Manche) est un rocher granitique de 50 mètres de hauteur environ, isolé au milieu de la baie qui porte son nom, ou baie de Cancale, à environ trois kilomètres de la côte. Il est couronné par une célèbre abbaye au pied de laquelle se trouvent les maisons du village.

L'abbaye du mont Saint-Michel date du viiiᵉ siècle. Au xiᵉ siècle elle fut entourée de fortifications importantes, et avait dès lors à ses pieds un bourg également fortifié. Elle subit plusieurs sièges ; le plus célèbre est celui de 1423, où 15.000 Anglais, maîtres de la mer et des côtes essayèrent vainement de s'en emparer : elle était défendue par 120 chevaliers et les habitants du bourg ; une flotte bretonne battit la flotte anglaise et délivra la place. Cette abbaye, l'une des plus riches de la France, était un lieu de pèlerinage très fréquenté.

Une foule de princes la visitèrent, et parmi eux l'on remarque Louis XI, qui y fonda l'ordre de Saint-Michel. Après 1790, elle devint maison de détention et prison d'État jusqu'en 1863. C'est, aujourd'hui, un monument historique qui excite le plus vif intérêt par son architecture comme par son site. On y remarque surtout le réfectoire et l'ancienne salle des chevaliers, la galerie du cloître, enfin l'église dont le chœur est admirablement conservé.

Le Mont Saint-Michel est entouré de hautes murailles flanquées de tours. La pente du levant et du midi est seule habitée : c'est là que se trouve le bourg.

MONT-VALÉRIEN

PLAN-RELIEF A L'ÉCHELLE DU 500ᵉ,
CONSTRUIT A LA GALERIE EN 1844 POUR L'INSTRUCTION
DU COMTE DE PARIS ; RESTAURÉ EN 1928 *(Cl. M. H.)*.

CE RELIEF EST RESTÉ AU LOUVRE,
AU PAVILLON DE MARSAN JUSQU'EN 1849

Dimensions : pentagone de 1 m. 40 de côté.

Situation dans le musée : SALLE HAXO.

Le Mont-Valérien est situé aux environs de Paris (commune de Suresnes), dans un des grands méandres de la Seine qui forment la presqu'île de Gennevilliers, à 5 kilomètres à l'ouest de la capitale. Le fort qui la couronne est un ouvrage détaché construit à la même époque que l'enceinte fortifiée de Paris (1840-1845), démantelée depuis peu.

Occupé d'abord par un couvent de Récollets, fondé sous Louis XIII, supprimé en 1791 et rétabli en 1816, le Mont-Valérien joua un rôle important pendant le premier siège de Paris, en 1870 : le fort fut occupé par les troupes du Gouvernement pendant le deuxième et cette prise eut une action décisive sur les opérations subséquentes.

NEUF-BRISACH

PLAN-RELIEF A L'ÉCHELLE DU 600ᵉ,
CONSTRUIT EN 1706 ; RÉPARÉ EN 1782 *(Cl. M. H.)*

Dimensions : 4 m. 47 sur 2 m. 33.

Situation dans le musée : GALERIE VAUBAN.

Neuf-Brisach, petite ville, située à 2 kilomètres du Rhin, sur le canal d'Alsace, a été fondée par Louis XIV, en 1690, lorsqu'il fut obligé de céder le Vieux-Brisach, situé sur l'autre rive du fleuve. Elle forme un octogone régulier, au centre duquel se trouve une belle place d'où l'on aperçoit les quatre portes de la ville.

Cette place avait, autrefois, pour ouvrage avancé sur le Rhin, le fort *Mortier*.

On y fait surtout le commerce du bois de construction.

NIMES (Fontaine de)

PLAN-RELIEF A L'ÉCHELLE DU 50ᵉ,
CONSTRUIT EN 1842, PAR LE CAPITAINE BERNARD,
QUI L'A OFFERT A LA GALERIE ;
CE RELIEF DONNE LE NIVELLEMENT
SUPÉRIEUR ET INFÉRIEUR DES EAUX
DE LA FONTAINE *(Cl. M. H.)*

Dimensions : 1 m. 02 sur 0 m. 98.

Situation dans le musée : GALERIE D'ASFELD (Ouest).

La *Fontaine de Nimes* (Gard) est une célèbre source d'eau pure émergeant au pied du Mont-Cavalier, sur lequel est la *tour Magne*, reste de l'ancienne enceinte dont Charles Martel n'a laissé qu'un fragment. Cette fontaine était déjà vénérée des Gaulois et semble avoir donné son nom à la ville dans laqelle elle est située ; elle constitue sa plus belle et sa plus remarquable promenade, la *Promenade de la Fontaine* ou des *Bassins-Romains* ; elle forme une jolie petite rivière qui, une fois sortie des bassins de la source, coule entre la double rangée de murailles du quai de la Fontaine. A son origine même, elle alimente un bassin (que représente le relief) dont l'enceinte a conservé son aspect primitif ; les hémicycles avec leurs escaliers ont été contruits au XVIIIᵉ siècle sur des fondations antiques.

La Fontaine de Nimes, issue de la craie néocomienne, a un débit de 120 litres à la seconde, avec un minimum de 6 litres et un maximum de plusieurs mètres cubes.

OLÉRON (LE CHATEAU, dans l'île d')

PLAN-RELIEF A L'ÉCHELLE DU 600ᵉ,
CONSTRUIT EN 1703 ;
RÉPARÉ EN 1772, 1828 ET 1920 *(Cl. M. H.)*

Dimensions : 4 m. 50 sur 3 m. 56.

Situation dans le musée : **GALERIE D'ASFELD (Centre).**

Le *Château d'Oléron,* ville, citadelle et port, situé sur la côte occidentale de l'île est une place forte servant à la défense de la passe de Maumusson.

L'île d'Oléron, située au sud de l'île de Ré (voyez : Saint-Martin-de-Ré), s'étend du nord-ouest au sud-est sur une largeur de 8 kilomètres et une longueur de 26 kilomètres environ, entre la pointe du Chassiron, au nord, sur le pertuis d'Antioche qui la sépare de l'île de Ré, et la pointe de Maumusson sur la passe de ce nom, détroit accessible seulement à de très petits bâtiments, qui la sépare du continent. Située vis-à-vis des embouchures de la Seudre et de la Charente, elle couvre l'entrée de ces deux rivières et a pour défense le *Château d'Oléron,* les forts *Boyardville* et des *Saumonards,* et enfin le fort *Boyard,* situé sur un banc voisin de l'île d'Oléron et de l'île d'Aix.

Le territoire d'Oléron, comme celui de Ré, est bas, sablonneux et couvert de marais salants ; mais il est plus fertile, et l'on y récolte du blé, du seigle, du maïs, des vins et de très bons légumes. On y trouve du bois. Son commerce consiste en grains, sel, vins, eaux-de-vie et son industrie en distilleries. Il y a aussi des chantiers de construction pour les petits navires. Une route parcourt l'île dans toute sa longueur et aboutit au nord-ouest, à la *tour de Chassiron,* fanal élevé pour indiquer aux navires l'entrée du *pertuis d'Antioche.* L'île d'Oléron fait partie de l'arrondissement de Marennes ; elle fournit d'excellents marins, qui étaient déjà célèbres au moyen-âge. Les *jugements d'Oléron,* ou lois relatives à la jurisprudence maritime, sont l'une des productions les plus curieuses du XIIᵉ siècle et ont servi de modèle législatif à la plupart des peuples maritimes.

PERPIGNAN

Plan-Relief a l'échelle du 600e,
construit en 1701 ; réparé en 1757 *(Cl. M. H.)*

Dimensions : 4 m. 86 sur 1 m. 64.

Situation dans le musée : GALERIE D'ARÇON (Sud).

Perpignan, ancienne capitale du Roussillon, aujour-
d'hui chef-lieu du département des Pyrénées-
Orientales, est une ancienne place forte déclassée en
1903 (sauf la citadelle) et démantelée depuis. Elle est
située sur la rive droite du cours rocailleux de la
Têt, à sa réunion avec son affluent la Basse, au milieu
de la belle plaine du Roussillon qu'échauffe un soleil
splendide, sur la pente d'un coteau dont le sommet est
couronné par une citadelle dont la construction remonte
à Charles-Quint et dont le réduit, ancien palais des
rois d'Aragon, s'élève au centre de deux enceintes bas-
tionnées.

Vue du côté de la mer, Perpignan apparaît comme
une vieille cité du moyen-âge, avec ses antiques murailles et les restes de ses fortifications de briques que
Vauban avait transformées en forts modernes. Au premier plan s'élève le *Castillet*, ancien château servant
aujourd'hui de prison ; derrière le Castillet se dresse la
citadelle qui domine la ville et, entre ces deux sombres
édifices, l'on voit poindre le clocher crénelé de Saint-
Jacques et celui de la cathédrale : ce sont à peu près les
seuls monuments de la ville, qui est mal bâtie et mal
percée, mais qui a de belles promenades et des environs charmants.

Perpignan est à 8 kilomètres de la mer et à 4 kilomètres ouest de *Ruscino*, dont une tour marque seule
l'emplacement : l'antique cité des Sardones, maintes
fois dévastée par les Sarrasins, finit par succomber
sous les coups des Normands qui la détruisirent de
fond en comble (859). Les habitants se réfugièrent à
la *villa Perpiniani*, dont l'heureuse situation favorisa
bientôt le développement. Au XIIe siècle, Perpignan
était une ville municipale gouvernée par cinq
consuls ; au XIIIe siècle, Jayme Ier de Majorque
faisait élever à l'ouest de la ville, le palais

qui forme le donjon de la citadelle actuelle ; Sanche, son successeur, fit commencer la cathédrale et éleva le Castillet. Philippe III le Hardi mourut dans cette ville en 1286. Louis XI l'assiégea deux fois : dans le second siège, qui dura six mois (1475), les habitants ne capitulèrent qu'à la dernière extrémité et après avoir enduré toutes les horreurs de la famine. Charles-Quint fit rebâtir ses murs et la fortifia. Louis XIII et Richelieu s'en emparèrent le 9 septembre 1642 et elle fut définitivement réunie à la France en 1659 par le traité des Pyrénées. Vers 1682, Vauban, qui l'avait visitée en 1679, en fit agrandir l'enceinte. Pendant la Révolution, cette ville s'associa à l'élan général de tout le Roussillon pour repousser l'invasion espagnole, qui ne fit que menacer ses murs.

PRATS-DE-MOLLO

(Voyez : FORT-LA-GARDE ET FORT-LES BAINS).

ROUSSES (Fort des)

PLAN-RELIEF À L'ÉCHELLE DU 600e,
DONT LA CONSTRUCTION, ENTREPRISE
À LA GALERIE EN 1859, DEMEURA LONGTEMPS INACHEVÉE
ET NE FUT COMPLÈTEMENT TERMINÉE QU'EN 1913,
AU COURS D'UNE RESTAURATION *(Cl. M. H.)*

Dimensions : 4 m. 46 sur 4 m. 05.

Situation dans le musée : **GALERIE D'ARÇON (Sud).**

Les Rousses, bourg de 2.000 habitants, est situé dans le département du Jura, sur la frontière, au sommet d'un plateau aride, exactement sur le faîte de la grande

ligne de partage des eaux de l'Europe, de telle sorte
que les eaux de pluie tombant sur son église, la plus
élevée du Jura, s'écoulent d'un côté vers la Méditerranée et le Rhône, par les affluents de la Bienne et
de l'Ain, de l'autre, vers l'Océan et le Rhin par l'Orbe
et l'Aar. On s'occupe, aux Rousses, de la fabrication
des pièces d'horlogerie.

Le fort des Rousses, extérieur au village, a été construit en 1843 pour couvrir la route de Genève à Besançon ; remanié en 1872, il n'a pas d'histoire.

Les gorges des Rousses sont, avec celles de Nantua
et de Saint-Claude, célèbres par la défense des Français, en 1815.

SAINT-MARTIN-DE-RÉ

Plan-Relief a l'échelle du 600ᵉ,
construit en 1703 ; réparé en 1771 *(Cl. M. H.)*

Dimensions : 5 m. 34 sur 3 m. 75.

Situation dans le musée: **GALERIE D'ASFELD (Ouest).**

Saint-Martin, place forte située sur la côte nord-
est de l'île de Ré (Charente-Inférieure) a un port com-
mode et une rade sûre. Elle a été fortifiée par Vauban
en 1682-83 et a une citadelle dont la défense se lie avec
les forts de *la Prée, du Martray et des Sablonceaux*
C'était une place importante assiégée vainement par
les Anglais, en 1628, pendant 3 mois et demi ; c'est
durant ce siège que fut tué le baron de Chantal, père
de Madame de Sévigné.

L'île de Ré est située dans le golfe de Gascogne,
à l'ouest de la Rochelle, entre le détroit ou *pertuis
breton,* qui la sépare de la côte méridionale de la Ven-
dée, et le détroit ou *pertuis d'Antioche,* qui la sépare
de l'île d'Oléron. Elle a une longueur de 25 kilomètres
environ et une largeur moyenne de 4 kilomètres ;
entourée de récifs, elle a un sol bas, sablonneux et peu
fertile : il n'y a ni blé ni pâturages, les arbres y sont
rares mais, en revanche, la vigne y réussit bien.

Sa richesse consiste, avec les vins qu'on transforme
en eaux-de-vie, en marais salants, dont les produits
sont d'excellente qualité. Le climat y est, d'ailleurs,
doux et tempéré. L'île de Ré fait partie de l'arrondissement de la Rochelle ; la petite ville de Saint-Martin
en est la capitale.

SAINT-OMER

PLAN-RELIEF A L'ÉCHELLE DU 600ᵉ,
CONSTRUIT EN 1758 PAR GENGEMBRE,
SOUS LA DIRECTION DE NÉZOT
ET DE LARCHER - DAUBANCOURT,
INGÉNIEURS DU ROI *(Cl. M. H.)*

Dimensions : 10 m. 65 sur 5 m. 74.

Situation dans le musée : GALERIE LOUIS-LE-GRAND.

CE RELIEF EST LE DERNIER DE LA GALERIE CONSTRUIT
SUR LES LIEUX MÊMES.

Saint-Omer, chef-lieu d'arrondissement du département du Pas-de-Calais, ancienne place forte, déclassée en 1889 et démantelée, est située sur la rive gauche de l'Aa, au confluent du canal de Neuffossé, en
partie sur la pente d'un coteau, en partie dans un terrain bas et marécageux. Elle est bien percée, bien
bâtie et a de belles promenades. De sa magnifique abbaye de Saint-Bertin, il ne reste plus qu'une merveilleuse tour gothique. On y remarque la cathédrale et
l'hôtel-de-ville. La place, à peu près circulaire, était
entourée d'une enceinte irrégulière équivalant à un
polygone de douze bastions ; ses remparts avaient
4.900 mètres de circuit ; des marais impraticables
l'entouraient sur plus de la moitié de sa circonférence
et sept ouvrages détachés complétaient sa défense.

Deux des faubourgs, le *Haut-Pont* et le *Lisel*, sont
situés dans des terrains inondés et partagés par plus
de 300 canaux. Leurs habitants, tous jardiniers, dif-
féraient autrefois par leurs habitudes et leur langage

de ceux de la ville ; on les disait de race purement celtique. C'est près de là qu'étaient les fameuses *îles* qui autrefois flottaient sur les eaux du *Clair-Marais*, mais qui aujourd'hui sont adhérentes à la terre et cultivées.

Cette ville doit son nom et son origine au troisième évêque de Thérouanne, mort en 668, qui fit construire à *Sithieu*, dans les marécages de l'Aa, une église où Saint Bertin l'un de ses disciples, le fit inhumer, et fonda, en 678, la grande abbaye qui porte son nom : on la surnommait le *monastère des monastères*, et Pépin le Bref y fit enfermer, en 752, le dernier carlovingien, Childéric III. L'abbaye et la ville ayant été, en 861 et 880, ravagées par les Normands, on les entoura toutes deux de fortifications. Saint-Omer suivit les destinées de l'Artois et fut assiégée plusieurs fois sans succès, principalement par les Anglais, par Louis XI et en 1589. En 1638 le maréchal de Châtillon fut encore obligé d'en lever le siège après deux mois d'efforts : en 1647, le maréchal de Gassion ne fut pas plus heureux: mais, en 1677, après un mois de résistance, elle capitula et le traité de Nimègue la donna à la France.

Saint-Omer est la patrie de Suger : c'est dans cette ville qu'ont été créés par le duc d'Orléans les chasseurs à pied, originairement chasseurs d'Orléans.

SAINT-TROPEZ

Plan-Relief a l'échelle du 600ᵉ.
Construit en 1716,
Restauré en 1816 et 1920 *(Cl. M. H.)*

Dimensions : 1 m. 55 sur 1 m. 37.

Situation dans le musée : GALERIE D'ASFELD (Ouest).

Saint-Tropez, port maritime très fréquenté, dans le département du Var, est situé sur la côte de la Méditerranée, au sud du golfe de Saint-Tropez qui a 16 kilomètres de long sur autant de large, au pied d'une colline dépendant du massif des Maures et qui porte une citadelle construite pendant la Ligue et armée aux frais des habitants.

La ville est délicieusement située, sous un ciel pur et un climat très sain qui y attirent les étrangers : elle possède des chantiers. Son commerce consiste surtout en vins, huiles, bois, miel, marrons, bouchons de liège et roseaux. On y trouve des bains de mer assez fréquentés et les roches à fleur d'eau qui bordent la côte abondent en coraux réputés les plus beaux de la Méditerranée.

Quelques historiens ont cru voir dans Saint-Tropez l'ancienne *Heraclea-Caccabaria* renommée à cause de son temple d'Hercule ; mais l'origine de Saint-Tropez est beaucoup plus récente, et la ville actuelle ne date que du Ve siècle.

SEDAN

Plan-Relief a l'échelle de 600e.
Construit a la Galerie en 1841,
réparé en 1853 *(Cl. M. H.)*

Dimensions : 5 m. 85 sur 4 m. 65.

Situation dans le musée : **GALERIE D'ARÇON (Nord)**.

Un premier relief de Sedan, datant de 1697,
a été enlevé en 1815 par les Prussiens.

Sedan, ancienne place forte déclassée en 1875, chef lieu d'arrondissement du département de la Meuse, est située sur la rive droite de la Meuse, dans un terrain inégal et environné de prairies. Elle est peu régulière, mais bien bâtie, ayant des rues propres, de belles promenades, plusieurs places, sur l'une desquelles s'élève la statue de Turenne. Elle n'a d'autres édifices remarquables que ses établissements militaires parmi lesquels il faut citer le château-fort bâti sur une éminence au sud-est de la ville et qui renfermait jadis un pavillon où naquit Turenne, les casernes, l'hôpital militaire bâti sur un rempart élevé de 42 mètres au-dessus de la Meuse, etc.

Cette ville est l'un des centres de la fabrication des draps ; l'origine de cette industrie est attribuée au maréchal Fabert, né à Sedan, qui fit venir de Hollande des ouvriers drapiers.

Sedan était le chef-lieu d'une principauté qui appartint pendant plusieurs siècles à la maison de la Mark. Le dernier prince de cette maison ayant embrassé la réforme, la ville se peupla d'une multitude de protestants qui y établirent une université et une académie où l'on vit siéger Bayle et Jurieu. L'héritière du premier prince de la Mark épousa l'un des lieutenants de Henri IV, le vicomte de la Tour d'Auvergne, et Sedan devint alors, sous Louis XIII, le refuge de tous les mécontents et un foyer de guerres civiles. A la fin, le prince de Sedan, Frédéric-Maurice de la Tour d'Auvergne, qui avait pour frère cadet le maréchal de Turenne fut forcé d'échanger sa principauté, ainsi que son duché de Bouillon, contre les comtés-pairies d'Albret et de Château-Thierry.

Les fortifications de Sedan étaient l'œuvre d'Errard-de-Bar-le-Duc, célèbre ingénieur sous Henri IV, qui considérait la place comme imprenable ; elles avaient été complétées et considérablement améliorées par Vauban en 1682 et 1689.

En 1870, l'armée que le maréchal de Mac-Mahon conduisait au secours de Bazaine se réfugia sous les remparts de Sedan. Enveloppée par l'armée allemande, elle capitula le 2 septembre, après trois jours de lutte.

STRASBOURG

PLAN-RELIEF A L'ÉCHELLE DU 600e,
CONSTRUIT A LA GALERIE EN 1836
ET MIS A JOUR DE 1857 A 1863 *(Cl. M. H.)*

Dimensions : 10 m. 86 sur 6 m. 65.

Situation dans le musée : GALERIE VAUBAN

Strasbourg, chef-lieu du département du Bas-Rhin est admirablement situé à proximité du Rhin, entre les Vosges et la Forêt Noire, sur l'Ill qui s'y partage en trois bras, et sur la Bruche, dans une vaste plaine très fertile.

La ville réunit dans un ensemble pittoresque d'art architectural français et allemand de vieilles maisons et des monuments du moyen-âge, des édifices de la Renaissance, des palais du Grand Siècle et des constructions modernes. Tout cela est dominé majestueusement par la célèbre cathédrale dont la flèche audacieuse élève vers le ciel ses dentelles de grès rouge. La cathédrale de Strasbourg est l'un des plus beaux monuments de l'Europe ; commencée en 1015, elle ne fut achevée qu'en 1439.

Cette ville a probablement pour origine l'un des cinquante forts construits par les Romains pour arrêter les invasions germaniques : on l'appelait *Argentoratum*. Elle fut pillée en 356 par les Alamans, dévastée et entièrement ruinée au siècle suivant par les Vandales ; au commencement du vi⁰ siècle, les Francs bâtirent sur ces débris, un fort qu'ils appelèrent *Strateburgum* et qui au ix⁰ siècle était déjà une ville considérable du royaume d'Austrasie. Elle suivit les destinées de l'Alsace et fit partie du royaume de Lotharingie, puis du royaume de Germanie, enfin de l'empire qui après la paix de Nimègue (1674) la céda à la France à laquelle elle fut momentanément arrachée de 1871 à 1918. Le traité de Versailles ayant réparé l'injustice commise par celui de Francfort-sur-le-Mein, on se sent heureusement aujourd'hui à Strasbourg en plein cœur de la France et l'on peut y saluer avec orgueil les monuments de Desaix, de Kléber, du maréchal de Saxe (1777). De nombreux tramways sillonnent la ville et mènent notamment à la belle promenade de l'Orangerie, à celle des Contades et de la Robertsau et au pont de Kehl, première ville badoise sur le Rhin.

Les Allemands ont abattu les fortifications où Strasbourg était enfermé depuis Vauban, sauf la partie sud et la citadelle, et ont tracé une nouvelle enceinte, qui double et plus le périmètre de la ville, surtout au nord et au nord-est. Sur le front ouest des anciennes fortifications s'élève la magnifique gare centrale. Le front nord a fait place à un somptueux quartier moderne, la *nouvelle ville* ou le *Strasbourg allemand*, dont les avenues sont bordées de palais et d'hôtels particuliers. Ce Strasbourg, de style allemand, tout neuf, contraste étrangement avec la vieille ville, où se retrouve presque intact le Strasbourg d'avant la guerre de 1870, avec sa physionomie si originale et le cachet si particulier que lui donnent ses vieilles maisons « aux pignons dentelés, aux grands toits chargés de lucarnes » groupées autour de la merveilleuse cathédrale.

C'est à Strasbourg que Gutenberg découvrit l'im-

primerie, de 1434 à 1440, que Rouget de l'Isle composa
et chanta *la Marseillaise*, destinée à l'armée du Rhin,
en 1792. Cette ville a vu naître les généraux Kléber
et Kellermann, le célèbre pasteur Oberlin, le poète
Andrieux, le dessinateur Gustave Doré, etc.

TOUL

Plan-Relief a l'échelle du 600ᵉ.
Construit par les artistes de la galerie
en 1861 *(Cl. M. H.)*

Dimensions : 6 m. 66 sur 5 m. 85.

Situation dans le musée : **GALERIE D'ARÇON** (Nord).

Toul, chef-lieu d'arrondissement du département de
la Meurthe, est située sur la rive gauche de la Moselle
qui y reçoit l'Ingressin, sur le tronçon commun aux
canaux de la Marne au Rhin et de l'Est et sur le
chemin de fer de Paris à Strasbourg.

C'est une vieille ville, aux rues tortueuses, assez
pittoresquement placée au pied de coteaux couverts de
vignes.

Avant la construction d'ouvrages détachés (fort
Saint-Michel, etc.) en 1872-74, ses fortifications ne consistaient guère qu'en une vieille citadelle et en une
muraille bastionnée. On y fabrique des broderies, de
la faïence, des briques et l'on y fait le commerce des
vins et des eaux-de-vie.

Cette ville, autrefois capitale des Leuci, sous le nom
de *Tullum-Leucorum*, a eu une existence agitée et l'on
ne se douterait pas, à l'aspect peu animé de ses rues,
au calme de ses habitants, qu'elle a été durant des siècles un théâtre de luttes et de combats. Elle suivit les
destinées de la Lotharingie jusqu'au xiᵉ siècle, où l'empereur germanique Henri l'Oiseleur, en donna la seigneurie à ses évêques. Au xiiiᵉ siècle, les bourgeois se
lassèrent de la domination épiscopale et alors com-

mença entre eux et les prélats une lutte marquée par
de nombreuses trèves, où les bourgeois avaient pour
alliés les habitants de Metz et de Verdun, et les évêques les seigneurs lorrains. A la fin, la ville se donna
au duc de Lorraine Ferri IV ; mais l'autorité de ce
prince ne fut que nominale et marquée par un tribut
annuel de 100 livres ; la bourgeoisie continua à se
gouverner par elle-même. Elle parvint à conserver sa
neutralité dans la lutte de la Lorraine contre Charles
le Téméraire, mais elle fut rançonnée tour à tour par
les Français et les Impériaux dans la lutte entre Charles-Quint et François Ier ; enfin Henri II s'en empara et
la garda par le traité de Cateau-Cambrésis (1559) que
confirma celui de Westphalie (**1648**).

Sous Louis XIV, Vauban fit procéder deux fois, en
1678 et en 1698-1705, à des travaux d'amélioration de
son enceinte fortifiée. Elle fut assiégée, en 1815, par
les Prussiens et soutint, en 1870, pendant quarante
jours, l'effort d'une armée allemande et ne capitula
qu'à bout de ressources.

TOULON

PLAN-RELIEF A L'ÉCHELLE DU 600e,
CONSTRUIT EN 1800, SUR L'ORDRE
DE LA CONVENTION NATIONALE,
PAR JOSEPH GENGEMBRE, CONSERVATEUR *(Cl. M. H.)*

LA PEINTURE DE LA MER A ÉTÉ FAITE SUR UNE TOILE MAROUFLÉE
PAR LE GÉNÉRAL LEJEUNE, PEINTRE MILITAIRE ÉMÉRITE.

Dimensions : 6 m. 60 sur 4 m. 26.

Situation dans le musée : GALERIE FOURCROY.

Toulon, chef-lieu d'arrondissement du département
du Var, port de guerre et de commerce, siège de la
5e préfecture maritime, se trouve située sur les
côtes de Provence, au fond d'une baie dite Rade de

Toulon, au pied des montagnes du Faron et du Coudon ;
la rade est fermée au sud par la presqu'île du cap Sépet.

Arsenal maritime et place forte de la première série,
Toulon est le premier de nos grands ports militaires.

La ville enveloppée au xvie siècle d'une enceinte bastionnée du système d'Errard de Bar-le-Duc qu'améliora
Vauban sous Louis XIV, est assez bien bâtie, mais
mal percée : les rues y sont étroites, sombres et généralement malpropres, quoiqu'il y ait toujours de l'eau
vive dans les ruisseaux ; les places, à l'exception du
Champ de Bataille, qui est entouré d'une belle promenade et où s'élève l'hôtel de la préfecture maritime
sont irrégulières et petites. Le quartier neuf, qui contient les constructions et dépendances de la marine
le long des quais et autour de la rade est généralement
beau.

Le port de guerre de Toulon, construit par Louis XIV
est bordé de vastes bâtiments de l'Arsenal : il est divisé
en deux parties : la darse vieille et la darse neuve et
est précédé d'une magnifique rade.

Toulon, dont on attribue la fondation à un général
romain, Telo Martius, n'a d'histoire certaine que
depuis le xe siècle : elle fut ravagée maintes fois par
les Barbaresques et les Impériaux la prirent en 1524
et 1536. Ce n'est que sous Louis XIV qu'on s'aperçut
de l'admirable situation de ce beau port et qu'on y
commença des travaux gigantesques qui en ont fait
l'un des grands arsenaux maritimes de la France. De
là sont parties toutes les grandes expéditions faites
dans la Méditerranée, parmi lesquelles on peut citer
celles d'Egypte, d'Algérie, de Crimée, etc. Cette ville
fut assiégée inutilement par le duc de Savoie, en 1707.
Livrée aux Anglais en 1793, par le parti royaliste, elle
fut la même année, reprise sur eux par les Républicains sous le commandement de Dugommier ; pendant ce siège, qui dura trois mois, Bonaparte, qui commandait l'artillerie comme simple capitaine, s'illustra
et commença son étonnante carrière.

TOULON : Fort d'Artigues

Petit relief a l'échelle du 216e,
construit en 1800, réparé en 1816 *(Cl. M. H.)*

Dimensions : 0 m. 50 sur 0 m. 40.

Situation dans le musée : GALERIE FOURCROY.

Cet ouvrage détaché de la défense de Toulon est situé sur les pentes du mont Faron, à 1.400 mètres nord-est du corps de place. On le nomme aussi, mais fautivement, fort Lartigue.

TOULON : Fort de la Malgue (partie)

Petit relief a l'échelle du 300e,
construit en 1750, réparé en 1800
et en 1826 *(Cl. M. H.)*

Dimensions : 0 m. 50 sur 0 m. 40.

Situation dans le musée : GALERIE FOURCROY.

Cet ouvrage détaché de la défense de Toulon se trouve sur un escarpement rocheux dominant la Grande Rade, à 1.300 mètres au sud-est du corps de place.

TOULON : Fort des Vieux-Pomets

PLAN-RELIEF A L'ÉCHELLE DU 144e,
CONSTRUIT EN 1750, RÉPARÉ EN 1800
ET EN 1826 *(Cl. M. H.)*

Dimensions : 1 m. 13 sur 1 m. 07.

Situation dans le musée : GALERIE FOURCROY

Ce fort, déclasssé en 1881, se trouvait à l'entrée de la vallée Dardenne, sur un éperon rocheux au pied du Croupatier et sur la rive droite de la petite rivière du Las, à 3 kilomètres nord-nord-ouest du corps de place.

TOULON : Tour Balaguier

PETIT RELIEF A L'ÉCHELLE DU 216e,
CONSTRUIT EN 1800, RÉPARÉ EN 1826 *(Cl. M. H.)*

Situation dans le musée : GALERIE FOURCROY.

Cette tour occupe l'extrémité d'un petit promontoire sur la côte sud de la Petite Rade dont elle garde l'entrée.

VERDUN

PLAN-RELIEF A L'ÉCHELLE DU 600ᵉ,
CONSTRUIT PAR LES ARTISTES DE LA GALERIE,
DE 1848 A 1856, RESTAURÉ EN 1920 (*Cl. M. H.*)

Dimensions : 7 m. 50 sur 7 m.

Situation dans le musée : **GALERIE D'ARÇON (Nord).**

Verdun, chef-lieu d'arrondisssement du département de la Meuse est située sur la rive gauche de ce fleuve et partagée par lui en plusieurs îles ou quartiers. Ses maisons sont assez bien bâties ; mais, ses rues sont escarpées, étroites et mal pavées. La ville n'a de remarquable que son palais épiscopal, ses casernes et ses fortifications qui, outre une citadelle séparée de la ville par une esplanade et une enceinte de dix fronts bastionnés, comprenaient toute une série de forts détachés formant, dans l'ensemble, un formidable camp retranché.

Cette ville est d'origine gauloise : *Virodunum* ; déjà importante à l'époque romaine, Verdun était au IIIᵉ siècle, une ville distincte et le siège d'un évêché. Comprise dans la Lotharingie, elle donna son nom au traité qui, après la bataille de Fontanet, démembra l'empire de Charlemagne. Elle devint ville libre et impériale dès le XIᵉ siècle et garda ses privilèges et son indépendance jusqu'en 1552, où elle se soumit à Henri II. Visitée en 1675 et 1676 par Vauban, sur l'ordre de Colbert, elle fut l'objet, en 1678, d'améliorations exécutées sur les indications de l'illustre ingénieur.

Les Prussiens s'en emparèrent en 1792, après un bombardement de quinze heures et l'évacuèrent après la bataille de Valmy. En 1870, la place opposa aux Allemands du prince de Saxe une résistance héroïque qui aboutit à une honorable capitulation. Au cours de la guerre de 1914-1918, les troupes françaises y résistèrent victorieusement aux armées allemandes du Kronprinz : leur glorieux succès est consacré aujourd'hui par la fière devise : « Ils ne passeront pas ! »

VILLEFRANCHE-de-CONFLENT

PLAN-RELIEF A L'ÉCHELLE DU 600ᵉ,
CONSTRUIT EN 1701, RÉPARÉ EN 1776 *(Cl. M. H.)*

Dimensions : 4 m. 37 sur 3 m. 35.

Situation dans le musée : **GALERIE D'ARÇON (Sud).**

Villefranche, ancienne capitale du Conflent, est située dans le département des Pyrénées-Orientales, sur la rive droite de la Têt, qui y reçoit son affluent la Corneilla, rivière de Filhols.

Elle fut prise par les Français en 1654. Après la paix des Pyrénées en 1659, le chevalier de Clerville démontra l'importance de la fortifier ; Vauban la visita en 1679 et Louis XIV la fit fortifier. Sa forme est celle d'un hexagone irrégulier et elle occupe une gorge étroite entre deux montagnes, dont l'une est couronnée d'un *château* qui commande les abords de cette place pittoresque.

B. — PLACES DE GUERRE ÉTRANGÈRES

ATH

PLAN-RELIEF A L'ÉCHELLE DU 600ᵉ,
CONSTRUIT EN 1668, RÉPARÉ EN 1744
ET 1790 *(Cl. M. H.)*

Dimensions : 4 m. 80 sur 3 m. 78.

Situation dans le musée : **GALERIE LOUIS-LE-GRAND.**

Nota. — CE RELIEF, CONTEMPORAIN DE CELUI DE LILLE ENLEVÉ
A LA GALERIE, EN 1815, PAR LES PRUSSIENS, EST ACTUELLEMENT
LE PLUS ANCIEN DE LA COLLECTION HISTORIQUE.

Ath, autrefois place forte très importante, est située
en Belgique (province du Hainaut), sur la Dendre, au
confluent de la rivière de Leuze, entre Mons et Tournai.
Elle dut ses plus beaux ouvrages de défense à
Vauban qui, en 1667, après sa prise par l'armée de
Louis XIV, traça ses nouvelles fortifications sur un
octogone régulier, flanqué de huit bastions ; rendue
à l'Espagne en 1678 par le traité de Nimègue, elle fut
reprise en 1697 par Vauban lui-même. Remise de nouveau la même année à l'Espagne elle fut encore reprise
par les Français en 1701, puis par les alliés en 1706 ;
l'Autriche la conserva jusqu'en 1745, année où les troupes de Louis XV s'en emparèrent. Mais, le deuxième
traité d'Aix-la-Chapelle (1748), la rendit encore à l'Autriche et en 1784 Joseph II en fit démolir les remparts.
Elle fut reconquise par les Français sous la Révolution.
En 1818, les Hollandais en reconstruisirent les fortifications sur un nouveau plan ; ces fortifications ont été
récemment démantelées.

BERG-OP-ZOOM

Plan-Relief a l'échelle du 600ᵉ,
construit en 1750, sous la direction de Nézot,
ingénieur ordinaire du roi, réparé en 1815
a la Galerie *(Cl. M. H.)*

Dimensions : 10 m. 20 sur 6 m. 55.

Situation dans le musée : GALERIE LOUIS-LE-GRAND.

Berg-op-Zoom, place forte du royaume des Pays-Bas, est située sur la rive droite de l'Escaut, et en partie sur le Zoom, un des bras de l'Escaut, à six lieues d'Anvers ; elle est protégée d'un côté par des marais impraticables.

C'est une ville très ancienne qui fut, prise en 880 par les Normands. Elle soutint plusieurs sièges mémorables : en 1588 contre le duc de Parme, en 1597, 1602 et 1605 contre l'archiduc d'Autriche et en 1622 contre le maréchal Spinola, au service de l'Espagne, qui ne put s'en emparer. On tenta encore inutilement de la surprendre en 1588, 1628 et 1705. Fortifiée de 1699 à 1700 par l'illustre Coehorn, le digne émule hollandais de Vauban, qui la considérait comme son chef-d'œuvre, elle passait pour imprenable. Néanmoins, l'armée française commandée par Lowendal, s'en empara en 1747, après un siège célèbre qui dura soixante jours et finit par une surprise. Prise de nouveau en 1794, elle resta française pendant dix-huit ans. En 1813, elle repoussa victorieusement les Anglais. Les arrangements de 1814 et 1815 l'ont donnée aux Pays-Bas, créés par le congrès de Vienne.

BOUILLON

PLAN-RELIEF A L'ÉCHELLE DU 600ᵉ,
CONSTRUIT EN 1689 *(Cl. **M. H.**)*

Dimensions : 3 mètres sur 2 m. 25.

Situation dans le musée : GALERIE LOUIS-LE-GRAND.

Bouillon est une ancienne place forte située dans le Luxembourg belge, près de la frontière de France, sur la rive droite de la Semoy, dans une boucle formée par cette rivière. Entourée d'une simple muraille flanquée de neuf tours, elle était défendue par un château fort bâti sur un roc élevé qui ferme la gorge et la presqu'île.

On ne connaît pas l'origine de Bouillon. Son château est très ancien ; c'était le siège d'un duché qui fut un état indépendant depuis le Xᵉ siècle jusqu'à la Révolution française et dont le titulaire le plus célèbre fut Godefroy de Bouillon. Réuni à la France en 1795, le duché de Bouillon fut annexé en 1815 à la Belgique.

CHARLEROI

PLAN-RELIEF A L'ÉCHELLE DU 600ᵉ,
CONSTRUIT EN 1696 ; RÉPARÉ EN 1789 *(Cl. **M. H.**)*

Dimensions : 4 m. 05 sur 3 m. 40.

Situation dans le musée : GALERIE LOUIS-LE-GRAND

Charleroi, ancienne place forte de la province du Hainaut, en Belgique, est bâtie sur les deux rives de la Sambre et en partie sur un roc élevé. La ville est divisée en trois parties : *la Ville basse, l'Entre-deux-Villes et la Ville-Haute.*

Avant le XVIIe siècle, c'était un petit village du nom de Charnoi. En 1666, Charles II d'Espagne y ayant fait construire une forteresse, lui donna son nom ; elle fut ensuite prise et reprise plusieurs fois, notamment en 1667, par Louis XIV, qui en fit agrandir l'enceinte par Vauban (1669-1671). En 1672 et en 1677, le prince d'Orange fit des efforts inutiles pour s'en emparer. Rendue aux Espagnols par la paix de Nimègue (1678), bombardée en 1692, reprise en 1693 par Villeroi et Vauban, rendue encore à l'Espagne en 1697, cédée à Charles VI empereur d'Allemagne en 1713, elle se rendit à Jourdan en 1794. Son enceinte fut détruite l'année suivante et elle resta française jusqu'en 1814. La ville a été définitivement démantelée en 1866-1868.

Charleroi a donné son nom à la bataille qui, en Août 1914, permit aux Armées allemandes d'envahir le territoire français.

CORFOU (Vieille citadelle de)

PLAN-RELIEF A L'ÉCHELLE DU 820e,
CONSTRUIT PAR DENIS-AUGUSTE COGU,
OFFICIER DU 14e D'INFANTERIE LÉGÈRE,
QUI A ÉTÉ EN GARNISON A CORFOU, DE 1804 A 1814 ;
DONNÉ A LA GALERIE PAR M. TOUDOUZE
DE CHATEAU-THIERRY ET RÉPARÉ EN 1897 *(Cl. M. H.)*

Situation dans le musée : GALERIE LOUIS-LE-GRAND.

Corfou, située sur la côte orientale de la plus importante et de la plus septentrionale des Iles Ioniennes, est considérée comme la clef de l'Adriatique ; elle appartient aujourd'hui au royaume de Grèce. (*Kerkyra,* en grec moderne).

« Prise par les Romains en 229, puis par les Vandales de Geiserich, par les Ostrogoths en 550 et temporairement par les Slaves, elle fut conquise sur les Grecs en 1147 par Roger II, roi normand des Deux-Siciles, et resta napolitaine durant deux siècles. En 1386, elle se donna à la république de Venise qui l'acheta en 1401 au roi de Naples ; en 1537, 50.000 Turcs essayèrent en vain de la prendre, et en 1746, la place, défendue par le comte de Schulenburg, résista encore aux Turcs. Le traité de Campo-Formio abolit la république de Venise (1797) et Corfou passa aux Français avec les îles Ioniennes. Vinrent ensuite, en 1815 le protectorat anglais sur la république des Iles Ioniennes et, en 1863, la rétrocession des Iles à la Grèce par l'Angleterre » . (1)

C'est à Corfou que pendant la Grande Guerre, l'Armée Serbe en retraite vint se réorganiser. Enfin, plus récemment en 1923, les Italiens en représailles de l'assassinat d'une mission militaire en Albanie, bombardèrent la citadelle et occupèrent l'île pendant quelques mois.

EXILLES

Plan-Relief a l'échelle du 600e, construit en 1673 et réparé en 1790 (Cl. M. H.)

Dimensions : 3 m. 78 sur 2 m. 25.

Situation dans le musée : **GALERIE D'ASFELD (Est).**

Exilles, place forte d'Italie (province de Turin) est située dans la vallée d'Oulx sur la rive gauche de la Doire Ripaire ou Doire Susine. Elle couvre la route du mont Genèvre, point de passage important qui conduit de Briançon à Suse.

C'est une place très ancienne, mentionnée déjà par Strabon et César. Henri IV en fit augmenter les fortifications de 1600 à 1601 ; mais, en 1604 elle est assiégée et prise par les Espagnols ; le connétable de Lesdiguières la reprend en 1605. Vauban rédige en 1700 un projet pour son amélioration ; en 1708, elle est prise par le duc de Savoie qui la garde par le traité d'Utrecht (1713) et en fait réparer et augmenter les défenses,

---

(1) Lt-Colonel Prudent. — *Catalogue de 1900.*

En 1799, le château est détruit par les Français ; il est reconstruit en 1825. Très fortifiée aujourd'hui, reliée par la forte position du col de l'Assiette, qui domine les vallées de la Doire Ripaire et du Cluson, avec la place de Fenestrelles, Exilles qui possède un arsenal formerait un obstacle sérieux à une armée débouchant en Italie par le mont Genèvre.

FENESTRELLES

PLAN-RELIEF A L'ÉCHELLE DU 400e,
CONSTRUIT PAR MARCIOT,
INGÉNIEUR DU ROI DE SARDAIGNE,
RÉPARÉ EN 1811 ET RESTAURÉ EN 1920 *(Cl. **M. H.**)*

CE RELIEF FAISAIT PARTIE D'UNE COLLECTION VENUE DE TURIN EN 1809.

Dimensions : 4 m. 50 sur 1 m. 45.

Situation dans le musée : **GALERIE D'ASFELD (Est).**

Fenestrelles, place forte du Piémont (Italie) est située sur les deux rives du Cluson, au débouché du col du mont Genèvre, dans une des vallée vaudoises restées de langue française.

Les Vaudois, établis à Fenestrelles depuis le moyen-âge, y opposèrent une résistance acharnée à toutes les persécutions ; en 1516, le col de Fenestrelles fut franchi par l'armée française. Le fort proposé par Catinat pour soutenir Pignerol (fort Mutin) fut élevé en 1695 et la place dépendant du Briançonnais, appartenait à la France. Vauban qui la visita en 1700, désapprouva les fortifications qui y avaient été faites précédemment. Prise sur les Français en 1708 par le duc de Savoie, elle lui fut attribuée par le traité d'Utrecht (1713). Elle devint une des places les plus fortes de la région. Le 11 mai 1794, les Français chassèrent les Piémontais du col de Fenestrelles et la place fut rasée en 1796.

JULIERS (Citadelle de)

PLAN-RELIEF A L'ÉCHELLE DU 800ᵉ,
CONSTRUIT EN 1802, PAR GRAMET, GARDE DU GÉNIE
DE CETTE PLACE *(Cl. M. H.)*

Dimensions : 1 m. 29 sur 1 m. 18

Situation dans le musée : SALLE HAXO.

Juliers, *Jülich*, en allemand, est une ancienne forteresse de la Prusse rhénane, démolie en 1860 et qui était située sur la Rœr, affluent de droite de la Moselle.

C'est l'ancienne *Juliacum* dont la fondation est attribuée à Jules César ; son histoire se confond plus tard (941) avec celle du duché dont elle fut la capitale. Après avoir appartenu aux comtes et aux ducs de Juliers, elle passa en 1521 aux ducs de Clèves, puis fut réunie en 1609 au Palatinat jusqu'à la Révolution française. Annexée au territoire français de 1794 à 1814, elle fut attribuée à la Prusse par le traité de Vienne (1814).

LA KÉNOQUE

PLAN-RELIEF A L'ÉCHELLE DU 600ᵉ,
CONSTRUIT EN 1746 SOUS LA DIRECTION
DE LARCHER-DAUBANCOURT, INGÉNIEUR DU ROI ;
RESTAURÉ EN 1920 *(Cl. M. H.)*

Dimensions : 2 m. 92 sur 2 m. 25.

Situation dans le musée : GALERIE LOUIS-LE-GRAND.

La Kénoque est une ancienne petite place de Belgique (Flandre occidentale) qui était située sur l'Yser, à sa rencontre avec le canal de Bœzinghe, venant d'Ypres où il emprunte les eaux de l'Yperlée.

Les fortifications de la Kénoque, construites par Vauban, faisaient partie, avec Ypres et le fort de la Fintelle, d'une ligne de défense qui, allant de Comines à la mer, couvrait une partie de la frontière de Flandre.

En 1713, la Kénoque fut laissée comme « barrière » aux Etats Généraux de Hollande, par le traité dit des Barrières ; elle fut reprise en 1744, en deux jours, par les Français, durant la guerre de la Succession d'Autriche : ses fortifications tombées en ruines étaient complètement effacées dès le premier Empire.

LUXEMBOURG

PLAN-RELIEF AU 600e,
CONSTRUIT A LA GALERIE EN 1805 *(Cl. M. H.)*

Dimensions : 5 m. 50 sur 5 m. 40.

Situation dans le musée : **GALERIE LOUIS-LE-GRAND.**

Luxembourg, capitale du grand-duché de Luxembourg, occupe sur la rive gauche de l'Alzette, au confluent de la Pétrusse, un plateau profondément raviné et bordé d'escarpements ; avant son démantèlement c'était une des plus formidables forteresses de l'Europe : une partie des remparts était taillée dans le roc, avec des batteries souterraines.

La ville se divise en deux parties : la *ville basse*, arrosée par la rivière qui la partage en deux quartiers que l'on peut considérer comme les faubourgs de la place et la *ville haute*, où l'on arrive par un chemin tortueux et taillé dans le roc : ce chemin est tellement escarpé que les voitures ne pouvaient autrefois le gravir qu'avec peine. Cette partie de Luxembourg date du commencement du XIe siècle. Les deux quartiers de la ville basse sont appelés le *Grundt* et le *Pfaffenthal*.

Les travaux de défense de Luxembourg furent l'un des chefs-d'œuvres de Vauban à qui Louis XIV.

qui voulait faire de cette place le boulevard de la frontière française entre Meuse et Moselle, en avait confié la direction après s'être emparé de la ville en 1684.

Mais elle fut rendue à l'Espagne par le traité de Ryswick et à la paix d'Utrecht, elle passa sous la domination de l'Autriche. Bloquée en 1795 par l'armée française, elle dut capituler après un long siège: elle devint alors le chef-lieu du département des Forêts et ses fortifications reçurent de nouvelles augmentations. Enfin, en 1814, elle fut enlevée à la France.

MAËSTRICHT

PLAN-RELIEF A L'ÉCHELLE DU 600ᵉ,
CONSTRUIT EN 1752 SOUS LA DIRECTION
DE LARCHER-DAUBANCOURT, INGÉNIEUR DU ROI ;
RÉPARÉ EN 1803 *(Cl. **M**. **H**.)*

Dimensions : 6 m. 80 sur 5 m. 80.

Situation dans le musée : GALERIE LOUIS-LE-GRAND.

Maëstricht ou Maastricht, chef-lieu du Limbourg hollandais (Pays-Bas) est située sur la rive gauche de la Meuse (*Maas* en flamand) qui y reçoit le Geer et la sépare de Wyck, son faubourg. C'est une ancienne place forte, démantelée en 1871-1878, dont la citadelle couronnait la montagne de Saint-Pierre. Cette montagne calcaire dont on tire depuis plus de quinze siècles une pierre tendre et crayeuse, est traversée par un si grand nombre de galeries qu'elle forme un labyrinthe inextricable d'environ six lieues de circonférence. On a découvert dans cette masse divers ossements fossiles d'un grand intérêt, entre autres, deux têtes de sauriens gigantesques qui ne vivent plus à la surface du globe.

Le nom de Maëstricht n'est que la traduction de *Trajectum ad Mosam* (passage de la Meuse) : les Romains y possédaient un camp retranché. C'est une ville bien bâtie, ayant de belles rues, de belles promenades, et où l'on remarque l'hôtel de ville et l'église Saint-Gervais ; le cours de la Meuse donne de l'activité à son commerce. La ville communique avec son faubourg de Wyck, placé sur la rive droite du fleuve, au moyen d'un beau pont de pierre. Maëstricht a été prise par les maréchaux de Saxe et Lœwendal en 1748; rendue la même année par le deuxième traité d'Aix-la-Chapelle, cédée en 1784 à la Hollande et reprise par les Français en 1794, elle fut comprise, en 1815, dans le royaume des Pays-Bas.

MENIN

PLAN-RELIEF A L'ÉCHELLE DU 600e,
CONSTRUIT EN 1702, RÉPARÉ EN 1787 *(Cl. M. H.)*

Dimensions : 5 m. 42 sur 3 m. 72.

Situation dans le musée : SALLE HAXO.

Menin, ville de Belgique (Flandre occidentale) est située sur la rive gauche de la Lys. C'est une ancienne place forte, aujourd'hui démantelée, dont Vauban avait tracé les fortifications, après sa prise par Turenne, en 1658 et le traité de Nimègue. Elle resta française jusqu'au traité d'Utrecht. En 1744, les Français la reprirent et détruisirent ses fortifications, puis elle fit retour à l'Autriche par le traité d'Aix-la-Chapelle (1748). En 1792 et 1794, elle fut encore reprise par les Français, devint hollandaise en 1815 et belge, enfin, en 1830.

NAMUR

PLAN-RELIEF A L'ÉCHELLE DU 600e,
CONSTRUIT EN 1750 SOUS LA DIRECTION
DE LARCHER-DAUBANCOURT, INGÉNIEUR DU ROI ;
RÉPARÉ EN 1806 *(Cl. M. H.)*

Dimensions : 7 m. 76 sur 6 m. 50.

Situation dans le musée : GALERIE LOUIS-LE-GRAND.

Namur est une ancienne place forte démantelée en 1866, située en Belgique, au confluent de la Sambre et de la Meuse. Ville bien bâtie, percée de rues larges et propres, c'est le chef-lieu de la province du même nom. Des ouvrages considérables la défendaient sur les deux fleuves, notamment une citadelle dominant la ville du haut d'un rocher escarpé. Ancien *Namurem*, *Namen* en Flamand, oppidum des Aduatici, mentionnée par César dans ses Commentaires ; elle fut fortifiée en 1691 par l'illustre ingénieur hollandais Coehorn, assiégée et prise l'année suivante par Louis XIV en personne, assisté de Vauban et accompagné de Racine et de Boileau comme historiographes. En 1695, elle fut reprise par Guillaume III d'Angleterre, puis en 1701 par les Français qui, malgré un bombardement en 1704 par les Alliés sous les ordres de Henri de Nassau, la conservèrent jusqu'a sa cession en 1712 à l'Electeur de Bavière ; le traité d'Utrecht la donna à l'Autriche (1713) et celui des Barrières (la même année) en laissa la garde à la Hollande. Reprise par les Français en 1746 elle fut rendue à l'Autriche par le deuxième traité d'Aix-la-Chapelle (1748). Prise pour la quatrième fois par les Français en 1792, perdue encore en 1793 et reprise en 1794, elle cessa définitivement, en 1814, de nous appartenir.

Cette ville fabrique de la coutellerie renommée ; elle renferme des tanneries, des clouteries, des taillanderies, des fonderies de cuivre et de fer, des ateliers d'orfèvrerie ; on y fait encore beaucoup de poteries. Les environs renferment d'immenses carrières de marbre dont on fait très grand commerce.

NIEUPORT

PLAN-RELIEF A L'ÉCHELLE DU 600e,
CONSTRUIT EN 1698, RÉPARÉ EN 1778 *(Cl. M. H.)*

Dimensions : 5 m. 14 sur 3 m. 73.

Situation dans le musée : **GALERIE LOUIS-LE-GRAND.**

Nieuport (en Flamand : *Niewport,* ville de Belgique (Flandre occidentale) est située sur l'Yser, à 2 kilomètres de son embouchure dans la mer du Nord qui la baignait autrefois, au point de départ de canaux allant vers Furnes et Dunkerque et vers Ostende et Bruges.

Son port est triste, malsain et faiblement fréquenté. Ses fortifications sont démantelées. C'est auprès de ses murs que se livra le 2 juillet 1600 le célèbre bataille gagnée par Henri de Nassau, frère de Maurice. Turenne en 1658 remporta entre Nieuport et Dunkerque, la bataille dite des Dunes sur les Espagnols commandés par Condé. La paix d'Utrecht (1713) rendit à l'empereur la place dont les Français s'étaient emparés ; en 1746, elle fut reprise en cinq jours par Lœwendal et conservée par les Français jusqu'au traité d'Aix-la-Chapelle (1748).

En 1914, la fermeture des importantes écluses de Nieuport permit l'inondation de la vallée de l'Yser qui entrava opportunément l'avance de l'armée allemande et permit aux troupes franco-belges de lui résister victorieusement.

OSTENDE

PLAN-RELIEF A L'ÉCHELLE DU 600°,
CONSTRUIT EN 1699 ; RÉPARÉ EN 1778 *(Cl. M. H.)*

Dimensions : 5 m. 20 sur 4 m. 00.

Situation dans le musée : GALERIE LOUIS-LE-GRAND.

Ostende, ville de Belgique (Flandre occidentale), est située sur la mer du Nord. (*Oostende*, en flamand, signifie extrémité orientale, parce qu'elle termine à l'est le *streep*, bandes de terres maritimes.)

Ostende, qui date du x° siècle, est célèbre par le siège qu'elle soutint, depuis le 5 juillet 1601 jusqu'au 22 décembre 1604, et à la suite duquel elle se rendit à Ambroise Spinola, qui commandait l'armée espagnole. En 1615, les Etats Généraux de Hollande ayant chassé les Espagnols et, en 1658, le maréchal d'Aumont ayant voulu la prendre par un stratagème, y fut pris lui-même. Reprise de nouveau par les Français en 1702, elle fut assiégée par les ennemis, en 1706, et se rendit après 12 jours de siège. En 1715, les Etats la cédèrent à l'empereur d'Autriche ; elle devint alors une place importante de commerce.

En 1745, les Français, sous les ordres de Lowendal, s'en emparèrent après dix jours de tranchée ouverte, mais elle fut rendue en 1748 par le traité d'Aix-la-Chapelle.

Les bains de mer d'Ostende sont très fréquentés et on pêche sur la côte voisine une espèce d'huîtres très recherchée.

OUDENARDE

Plan-Relief a l'échelle du 600ᵉ,
construit en 1747 a Saint-Germain-en-Laye,
par Nézot, ingénieur du Roi *(Cl. **M. H.**)*

Dimensions : 5 m. 48 sur 4 m. 16.

Situation dans le musée : GALERIE LOUIS-LE-GRAND.

Oudenarde (*Oudenarde* en flamand, *Audenarde*, d'après les documents officiels belges), autrefois place forte, est une ville de Belgique (Flandre orientale), située au pied d'une hauteur et dans une belle vallée que traverse l'Escaut. On y remarque l'hôtel de ville.

Oudenarde (en latin *Aldenardum*) est une ville très ancienne, où l'on retrouve de nombreux vestiges de l'époque romaine et gallo-romaine. En 1658, avec Vauban qui commandait en personne les attaques, puis en 1667, elle fut prise par les Français. Cette possession fut consacrée par le traité d'Aix-la-Chapelle en 1668, mais, en 1678, Louis XIV rendit la ville au roi Charles II d'Espagne par le traité de Nimègue. Bombardée en 1684 par le maréchal d'Humières, elle fut reprise et rendue aussitôt par les Français en 1706. Le 11 juillet 1708 fut livrée sous ses murs une bataille dans laquelle les ducs de Bourgogne et de Vendôme furent battus par le prince Eugène de Savoie et le duc de Marlborough, à la tête d'une armée austro-anglaise. Enfin, en 1745, elle fut investie par le comte de Lœwendal, puis ensuite démantelée.

PHILIPPSBOURG

Plan-Relief a l'échelle du 600ᵉ,
construit en 1720, réparé en 1791 *(Cl. M. H.)*

Dimensions : 5 m. 62 sur 4 m. 35.

Situation dans le musée : **SALLE HAXO.**

Philippsbourg est une ancienne place forte du grand-duché de Bade (cercle de Karlsruhe), située sur la rive droite du Rhin, au confluent du Saalbach.

Construite en 1338, Philippsbourg, qui s'appela d'abord *Udenheim*, appartenait aux évêques de Spire. Elle fut prise, en 1640, par les Français, qui la gardèrent jusqu'en 1698 : c'était alors la principale clef de l'Allemagne, et, au moyen de la possession de cette ville et de celle de Brisach, Louis XIV dominait l'Empire germanique. Elle fut prise encore par les Français en 1688, en 1734, en 1799. Alors, on la démantela et, en 1802, on la donna au grand-duché de Bade. Ce n'est plus guère, aujourd'hui, qu'un bourg sans importance.

LA ROCCA D'ANFO

Plan-Relief a l'échelle du 250ᵉ,
construit a Brescia, par Cluzel,
sergent-major au 52ᵉ de ligne
et envoyé a Paris en 1804 *(Cl. M. H.)*

Dimensions : 1 m. 55 sur 1 m. 50.

Situation dans le musée : GALERIE D'ASFELD (Est).

Ce relief représentant les ouvrages projetés en 1801
par le chef de bataillon du génie (depuis général de division)
Haxo, alors chef d'état-major du général Chasseloup-Laubat,
ouvrages en partie exécutés, a été mis sous les yeux
du Premier Consul. C'est dans la rédaction de ce projet
qu'il a été, pour la première fois, fait usage des courbes
de niveau pour exprimer les formes du terrain.

La Rocca d'Anfo est une forteresse italienne de la province de Brescia, en Lombardie, sur une montagne isolée qui domine la rive occidentale du lac d'Idro, formé par la Chiese, affluent de gauche de l'Oglio ; elle ferme le dangereux défilé du val Sabbia, que traverse la route de Brescia à Trente. La Rocca d'Anfo n'était qu'un groupe de masures lorsque son site fut choisi pour y construire une forteresse. De 1798, datent de nouveaux ouvrages ordonnés d'urgence par Bonaparte, interrompus en 1799 par la perte de la bataille de Magnano, ces ouvrages furent repris en 1801.

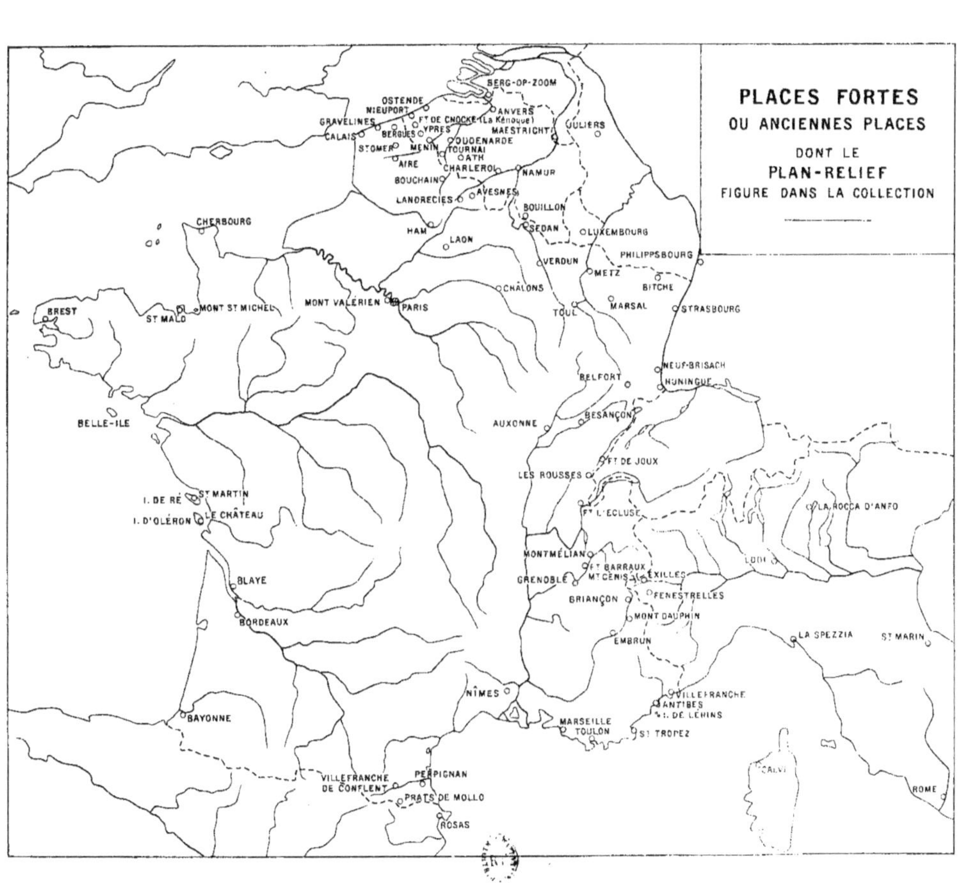

PLACES FORTES
OU ANCIENNES PLACES
DONT LE
PLAN-RELIEF
FIGURE DANS LA COLLECTION
BERG-OP-ZOOM
OSTENDE
NIEUPORT
ANVERS
GRAVELINES
FT DE CHOCKE (La Kénoque)
MAESTRICHT
JULIERS
CALAIS
BERGUES
YPRES
ST OMER
MENIN
OUDENARDE
TOURNAI
AIRE
OATH
CHARLEROI
BOUCHAIN
NAMUR
LANDRECIES
AVESNES
BOUILLON
HAM
SEDAN
LUXEMBOURG
CHERBOURG
LAON
VERDUN
PHILIPPSBOURG
CHALONS
METZ
BITCHE
MARSAL
BREST
MONT ST MICHEL
MONT VALÉRIEN
PARIS
TOUL
STRASBOURG
ST MALO
NEUF-BRISACH
BELFORT
HUNINGUE
BESANÇON
BELLE-ILE
AUXONNE
FT DE JOUX
LES ROUSSES
LA ROCCA D'ANFO
I. DE RÉ
ST MARTIN
FT L'ECLUSE
I. D'OLÉRON
LE CHÂTEAU
LODI
MONTMÉLIAN
BLAYE
FT BARRAUX
MT CENIS
EXILLES
GRENOBLE
BORDEAUX
BRIANÇON
FENESTRELLES
MONT DAUPHIN
EMBRUN
LA SPEZZIA
ST MARIN
NÎMES
VILLEFRANCHE
ANTIBES
I. DE LÉRINS
MARSEILLE
BAYONNE
TOULON
ST TROPEZ
CALVI
VILLEFRANCHE
PERPIGNAN
ROME
DE CONFLENT
PRATS DE MOLLO
ROSAS

ROSES

PLAN-RELIEF A L'ÉCHELLE DU 600ᵉ,
CONSTRUIT EN 1700, RÉPARÉ EN 1780 *(Cl. M. H.)*

Dimensions : 2 m. 68 sur 2 m. 43.

Situation dans le musée : GALERIE D'ARÇON (Sud).

Roses (*Rosas* en espagnol), est une place forte espagnole de la province de Gérone, située au pied des Pyrénées, sur la côte catalane, au fond du golfe de Rosas, à l'est de l'embouchure du Muga.

C'était, autrefois, une place forte très importante, surtout par sa citadelle, appelée le *Bouton de Roses*.

Roses, antique *Rhoda*, fut fondée au Xᵉ siècle avant J.-C. par les Rhodiens ; elle était très florissante sous les Romains ; les Arabes s'en emparèrent en 713 et elle fut prise par les Français en 1693, 1704, 1794 et 1808.

SAINT-MARIN

PLAN-RELIEF A L'ÉCHELLE DU 1000ᵉ
POUR LA PLANIMÉTRIE ET DU 250ᵉ POUR LES HAUTEURS,
CONSTRUIT A SAINT-MARIN EN 1889
PAR LE LIEUTENANT RÉAUX,
CHARGÉ D'UNE MISSION SPÉCIALE EN VUE DE
L'EXPOSITION UNIVERSELLE

Dimensions : 1 m. 25 sur 1 mètre.

Situation dans le musée : GALERIE D'ASFELD (Est).

Dans l'Italie centrale, entre la Marecchia et la Conca, enclavée dans les provinces de Forli et de

Pesaro e Urbino, se trouve le dernier débris des nombreuses républiques italiennes. C'est le petit état indépendant de Saint-Marin, qui n'a que 62 km. carrés de superficie et dont le territoire se compose de quelques collines environnant le Mont Titano (*Acer Mons* de Strabon) qui, haut de 700 mètres, domine la ville. Le sol de ce territoire est rocailleux, peu fertile, mais produit néanmoins des fruits, du vin, des céréales, de l'huile. La population, simple, rustique, laborieuse, est très attachée à ses libertés.

La capitale de ce petit état est la ville de *Saint-Marin*, qui est entourée de murs et protégée par trois petits forts. Elle doit son origine au tombeau de saint Marin, dont l'ermitage était placé sur la montagne. Elle date du x⁰ siècle, ainsi que la petite république qui a traversé, sans grands bouleversements, grâce à la protection, d'abord des ducs d'Urbin, puis des papes, toutes les agitations du moyen âge.

Bonaparte avait une vive sympahie pour ce petit état auquel, en 1797, il donna quatre canons et que, devenu empereur, il conserva « comme un modèle de république ». Toutes les fonctions publiques y sont, en effet, gratuites. Sa force militaire se compose d'une garde permanente de 24 hommes, de 40 gendarmes, recrutés au dehors et de 1.260 hommes de milice.

TOURNAI

Plan-Relief a l'échelle du 600ᵉ,
construit en 1701, réparé en 1788 *(Cl. M. H.)*

Dimensions : 6 m. 54 sur 5 m. 80.

Nota. — Sur ce relief figurent quelques ouvrages de fortification qui furent projetés et non exécutés

Situation dans le musée : GALERIE LOUIS-LE-GRAND.

Tournai (*Doornick* en flamand) ancienne grande place forte est située en Belgique (province du Hainaut), sur l'Escaut, à 100 km. de sa source. Ce fleuve partage la ville en *ville vieille et ville neuve* ; dans celle-ci un superbe quai planté d'arbres forme la promenade la plus fréquentée ; les maisons en sont bien bâties, les rues propres et assez droites ; l'autre quartier, moins beau, s'élève sur l'emplacement de *Tornacum*, qui servit de résidence aux rois francs, et fut érigé en évêché au ve siècle.

On admire la construction de la cathédrale, dont les quatre clochers s'aperçoivent à grande distance. Le tombeau de Childéric 1er fut découvert par hasard, en 1653, en démolissant une vieille maison à côté de l'église Saint-Brice.

Tournai est une ville industrieuse et commerçante : ses tapis, ses toiles sa bonneterie et ses porcelaines sont connus dans toute l'Europe. Elle fut cédée par François Ier à Charles-Quint par le traité de Cambrai en 1529. Elle fut reprise par Louis XIV en 1667 et Vauban fit procéder en 1678, puis de 1698 à 1705 à des travaux d'amélioration de son enceinte fortifiée ; elle fut rendue aux Pays-Bas par le traité d'Utrecht. Reprise en 1745, elle fut encore rendue en 1748 à l'Autriche. Les Français s'en emparèrent en 1792 et en 1794. Assiégée en 1815 par les Prussiens, elle soutint en 1870, pendant quarante jours, l'effort d'une année allemande et ne capitula qu'à bout de ressources.

YPRES

PLAN-RELIEF AU 600e,
CONSTRUIT EN 1701 PAR TESSIER ET DERVILLE,
INGÉNIEURS DU ROI, RÉPARÉ EN 1789 *(Cl. M. H.)*

Dimensions : 9 m. 44 sur 5 m. 48.

Situation dans le musée : GALERIE LOUIS-LE-GRAND.

Ypres (en Flamand *Yperen)* est situé en Belgique (Flandre occidentale) sur l'Yperlée, affluent de droite de l'Yser. C'était jadis la rivale de Bruges en industrie et en commerce.

Parmi ses édifices on doit citer l'église Saint-Martin, du xiiie siècle, où l'évêque Jansénius est enterré. L'hôtel de ville, beau monument du xive siècle appelé habituellement *les Halles* a été complètement détruit pendant la Grande Guerre.

Vauban en avait fait une des principales forteresses de la Flandre occidentale. Assiégée par les Français en 1648, 1658, 1678, sa possession nous avait été confirmée par le traité de Nimègue, mais, en 1713 celui d'Utrecht la rendit à l'Autriche. Assiégée et prise par Louis XV en personne, en 1744, le second traité d'Aix-la-Chapelle la rendit à l'Espagne la même année. Elle fut encore assiégée par les Français en 1792 et reprise en 1794 ; enfin, de nos jours, Ypres s'est immortalisée par son long martyre au cours de la guerre 1914-1918.

C. — RELIEFS COMMÉMORATIFS ET D'ÉTUDE

(Sièges célèbres, Guerre de siège,
Systèmes et Détails de fortifications.)

ANVERS (Siège de la citadelle d')
en décembre 1832

PLAN-RELIEF A L'ÉCHELLE DU 600ᵉ,
CONSTRUIT A LA GALERIE EN 1833-1834 *(Cl. M. H.)*

Dimensions : 2 m. 84 sur 4 m. 23.

Situation dans le musée : **SALLE HAXO.**

Anvers, grande ville de Belgique, chef-lieu de la province de ce nom, est située sur la rive droite du Bas-Escaut.

C'était une grande place forte entourée d'une enceinte bastionnée et de plusieurs ouvrages avancés parmi lesquels on peut citer : à droite de L'Escaut, le fort et les batteries du nord commandant le fleuve, le fort Notre-Dame sur la route de Hollande, la lunette Herensthals, le fort Montebello, la *citadelle* précédée de la *lunette Saint-Laurent* et du fort de Kiel ; à gauche de l'Escaut, le fort du Burght, la tête de Flandre et le fort d'Austruwel.

Placée près des embouchures de l'Escaut, sur un fleuve large et profond, Anvers est une excellente position pour le commerce maritime. En 1803, Napoléon, résolut d'en faire un port militaire. « C'était, disait-il, un pistolet chargé au cœur de l'Angleterre. » Il dépensa vingt millions pour y construire des bassins, un arsenal, des chantiers, des magasins, des casernes. En 1814, tout cela fut perdu pour la France.

De 1814 jusqu'à la révolution de 1830, Anvers a appartenu aux Pays-Bas ; elle fut, à cette époque, bombardée par la garnison hollandaise et délivrée en 1832 par les Français et les Anglais coalisés, après un siège d'un mois. Depuis lors elle appartient à la Belgique.

La citadelle a été assiégée et prise par les Français en 1746, 1792 et 1832. Ce dernier siège a été conduit par le maréchal Gérard.

DETTINGEN (Bataille de)

PLAN-RELIEF A L'ÉCHELLE DU 20.000ᵉ,
CONSTRUIT EN 1743 PAR LA SEIGNE,
INGÉNIEUR DU ROI ; RÉPARÉ EN 1787 *(Cl. M. H.)*.

Dimensions : 1 m. 30 sur 0 m. 43.

Situation dans le musée : SALLE HAXO.

Dettingen est un village de la Basse-Franconie (Bavière), situé sur la rive droite du Mein, entre Aschaffenburg et Hanau.

« Adrien-Maurice de Noailles, qui avait gagné le
» bâton de maréchal au siège de Philippsbourg et fait
» évacuer Worms par les Allemands en 1734, fut battu
» en 1743, le 27 novembre, par l'armée pragmatique
» (Anglais, Hanovriens et Autrichiens), forte de 42.000
» hommes sous les ordres du roi Georges II ; l'armée
» anglaise, engagée le long du Mein dans un défilé
» commandé par les batteries françaises, était perdue :
» la folie du jeune duc de Grammont la sauva : il se
» porta à la rencontre des Anglais dans la plaine,
» abandonnant les hauteurs que l'ennemi occupa sur-
» le-champ. Après un combat acharné de quatre heu-
» res, les Français durent se replier ; Georges II se
» retira en toute hâte. Cette défaite fut suivie de com-
» bats heureux pour nous, Fontenoy (1745), Lawfeld
» (1747) et du deuxième traité d'Aix-la-Chapelle
» (1748). » (1)

____

(1) Lt-Colonel PRUDENT. — *Catalogue de 1900.*

LODI (Passage du pont de)

le 10 mai 1796

Plan-Relief a l'échelle du 144e,
construit en l'an XIII (1804) a la Galerie,
par Boitard ainé (Boitard martin) *(Cl. M. H.)*

Dimensions : 1 m. 65 sur 1 m. 35.

Ce relief, qui était un chef-d'œuvre avec ses innombrables
petits personnages soigneusement habillés et posés,
est malheureusement détérioré par l'oxydation du plomb
dans lequel étaient estampées ces petites figures

Situation dans le musée : GALERIE D'ASFELD (Est).

Lodi, ville de Lombardie (Italie), sur la rive droite de l'Adda, à 30 kilomètres environ au S.-E. de Milan, ancienne colonie romaine sous le nom de *Laus Pompeia*, était au xie siècle la cité la plus puissante de l'Italie du Nord après Milan ; aucune ville ne souffrit plus qu'elle des guerres du Moyen Age et de la Renaissance ; détruite par les Milanais, reconstruite en 1158 par l'empereur Barberousse, elle avait été fortifiée en 1655.

Le 21 floréal an IV (10 mai 1796), Bonaparte y remporta une éclatante victoire sur le général autrichien Beaulieu.

« Sur le devant du plan, et dans l'angle à gauche,
» est une partie de Lodi ; quelques maisons de pê-
» cheurs et la statue de Saint-Nicolas sont placées à
» l'entrée du pont. A l'autre extrémité, sur la rive gau-
» che de l'Adda, est un ancien ouvrage à couronne,
» renfermant dans son terre-plein plusieurs habita-
» tions.

» On a choisi l'instant où la colonne française,
» ayant à sa tête les généraux Berthier, Masséna, Cer-
» voni, d'Allemagne et chef de brigade Lasnes (sic),
» s'est élancée sur le pont ; une partie du 2e bataillon
» de carabiniers saute dans l'isle, culbute, renverse tout
» ce qui se trouve sur son passage et, par la hardiesse
» de son mouvement, jette l'épouvante dans l'armée

» autrichienne ; ses bataillons éparpillés se forment
» en colonne de retraite et fuyent en désordre ; un
» corps de cavalerie, précédé de deux pièces d'artillerie
» légère, dirige sa marche pour aller s'opposer à la
» cavalerie française qui passe la rivière au gué
» au-dessus du pont.

    » Sur le devant du plan est le général en chef
» Bonaparte, suivi de son état-major ; un bataillon et
» 8 à 10 pièces d'artillerie disposées sur la rive droite
» de l'Adda protègent le passage de la colonne d'infan-
» terie ; 2 pièces d'artillerie légère et un wurst arrivent
» à toute bride ; plusieurs aides de camp portent les
» ordres du général en chef. »

(Notice officielle du plan ; 1804).

ROME (Attaques de) en 1849

Plan-Relief a l'échelle du 600ᵉ,
CONSTRUIT A LA GALERIE EN 1852 *(Cl. **M**. **H**.)*

Dimensions : 4 m. 33 sur 4 m. 17.

Situation dans le musée : SALLE HAXO.

Rome, capitale de l'Italie et siège de la papauté
occupe surtout la rive gauche ou orientale du Tibre ;
sur la rive droite sont les deux quartiers du Borgo et
du Transtevere.

    » En 1848, après l'assassinat du comte Rossi, minis-
» tre de Pie IX, une révolution éclata dans les Etats
» Romains et le pape se réfugia à Gaëte, dans le royau-
» me de Naples. Quand la Constituante romaine eut
» prononcé sa déchéance en fait et en droit, le
» pape réclama l'intervention des quatre puissances
» catholiques ; la tâche la plus importante échut à la
» France ; une expédition fut décidée et, le 25 avril
» 1849, une division commandée par le général de
» division Oudinot, fils du maréchal duc de Reggio,
» effectua un débarquement heureux à Civita-Vecchia ;
» malgré la protestation du triumvirat, la division

» tenta le 30, sans succès, d'entrer à Rome de vive
» force ; le 27 au soir, Garibaldi y avait amené 1.200
» fantassins et quelques cavaliers, et le 28, un millier
» de chasseurs lombards l'avaient rejoint, sous les
» ordres de Manara. Il fallut dès lors un siège régulier ;
» on nomma le général Vaillant commandant du génie
» du corps expéditionnaire, et celui-ci fut renforcé
« de deux divisions. Un projet de traité consécutif à des
» négociations de Ferdinand de Lesseps fut rejeté par
» le général en chef ; le 15, on décide l'attaque par le
» Janicule. Les Romains disposaient alors de 30.000
» hommes, 4.000 chevaux et 114 canons ; le 3 juin
» commencent les travaux d'approche ; le 19, on fait
» brèche en trois points, et le 21, on donne un premier
» assaut en trois colonnes. Enfin, le 30, après un der-
» nier assaut, les défenseurs proposent un armistice,
» puis demandent à capituler. Le 3 juillet au matin,
» Garibaldi se retire par la porte San-Giovanni avec
» 3.000 hommes, et le même jour, le général en chef
» fait son entrée par la porte Portese ; le siège avait
» duré 26 jours ; mais on s'était efforcé de ménager
» la vie des hommes et les édifices civils. Pie IX ne
» rentra dans Rome que le 12 avril 1850. » (1)

SÉBASTOPOL (Siège de)

en 1854-1855

PLAN-RELIEF A L'ÉCHELLE DU 2.000e,
CONSTRUIT EN 1860-1861 A L'ÉCOLE RÉGIMENTAIRE
DU GÉNIE DE VERSAILLES PAR LE SAPEUR FAURE.
SOUS LA DIRECTION DU CAPITAINE RIONDEL *(Cl. M. H.)*

Dimensions : 3 m. 16 sur 2 m. 30.

Situation dans le musée : SALLE HAXO.

Sébastopol (ou mieux *Sévastopol*), ville maritime et
port militaire et de commerce de la Russie méridionale,
est située à l'extrémité sud-ouest de la Crimée, à l'em-

(1) Lt-Colonel PRUDENT. — *Catalogue de 1900.*

bouchure de la Tchernaïa, sur la baie de Sébastopol, bras de la mer Noire.

Son emplacement fut choisi en 1783 par Catherine II, lors de l'annexion de la Crimée par la Russie ; le nouveau port militaire reçut l'année suivante le nom de Sévastopol (Cité Auguste.) Elevée et fortifié en 1804 par Nicolas Ier, Sébastopol devient une forteresse redoutable et le port militaire principal de la Mer Noire ; elle est classée comme forteresse de premier ordre en 1825.

En 1854, le 14 septembre, les alliés débarquèrent au sud d'Eupatoria et, après une victoire aux bords de l'Alma, investirent Sébastopol, le 17 octobre par terre et par mer. Le 5 novembre, une nouvelle défaite des Russes à Inkermann, sur la Tchernaïa, marqua le début d'un siège mémorable aussi glorieux pour les Russes que pour les alliés : pendant onze mois, Sébastopol, dont les défenses avaient été réorganisées et complétées par l'illustre Todtleben, résista aux efforts des assiégeants commandés par le maréchal de Saint-Arnaud, puis par le général Canrobert, et enfin par le général Pélissier : la place fut prise le 8 septembre 1855, à la suite de l'assaut donné par les Français à la tour Malakoff.

SÉBASTOPOL (Siège de)
en 1854-1855

PLAN-RELIEF DONNÉ AU MUSÉE DE L'ARMÉE
PAR M. LE MARQUIS DE DION.
CE RELIEF EST FORT ARTISTIQUEMENT DÉCORÉ
A LA PEINTURE A L'HUILE

Dimensions : 0 m. 80 sur 0 m. 90.

Situation dans le musée : SALLE HAXO.

(Voyez ci-dessus).

SÉBASTOPOL (Siège de)
en 1854-1855

PLAN-RELIEF A L'ÉCHELLE DU 16.800^e,
CONSTRUIT PAR LE CAPITAINE DU GÉNIE RUSSE
MASOCHINI, EN 1869

Dimensions : 0 m. 50 sur 0 m. 65.

Situation dans le musée : SALLE HAXO.

(Voyez ci-dessus).

SÉBASTOPOL (Fort et tour Malakoff)

PLAN-RELIEF A L'ÉCHELLE DU 600e,
CONSTRUIT EN 1856 PAR LEYMONNERIE,
ARTISTE PRINCIPAL DE LA GALERIE,
COMME ŒUVRE PERSONNELLE, DONNÉE A LA GALERIE
EN 1880 PAR SA VEUVE *(Cl. M. H.)*

Dimensions : 0 m. 82 sur 0 m. 52.

Situation dans le musée : SALLE HAXO.

(Voyez ci-dessus).

STRASBOURG (Siège de) en 1870

PLAN-RELIEF A L'ÉCHELLE DU 2.500e
CONSTRUIT A LA GALERIE EN 1880

Dimensions : 1 m. 16 sur 0 m. 94.

Situation dans le musée : **GALERIE VAUBAN.**

En 1870, Strasbourg supporta avec une énergie héroïque les horreurs d'un siège qui est tout à la fois le plus tragique et le plus glorieux souvenir de son histoire. Après la bataille de Frœscheviller, Strasbourg restait sans secours et isolée. Bientôt un parlementaire allemand se présentait devant ses murs et sommait la ville de se rendre. Le Colonel Ducasse, commandant la place répondait : « Strasbourg ne se rend pas, venez essayer de la prendre ». Le général Ulrich, qui prit alors le commandement de la place, avait sous ses ordres environ 18.000 hommes.

Dès le 8 août, les Allemands, au nombre de près de 20.000 hommes, étaient venus camper devant Strasbourg. Peu de jours après, le nombre était porté à 60.000 avec 90 pièces de campagne, 200 canons de siège, 100 mortiers, sous le commandement du général de Werder. L'investissement de la place était complet le 12. Le 23, commença un bombardement effroyable, qui, pendant plus d'un mois, fit tomber sur l'héroïque cité 193.722 projectiles. Le Temple-Neuf avec la bibliothèque de la ville, le musée, le palais de justice, le gymnase protestant, la nef de la cathédrale où un incendie se déclara dans la nuit du 25, l'arsenal, l'église Saint-Guillaume, l'hôtel de la préfecture, l'état-major de la place, le théâtre, la direction de l'artillerie, tous les édifices publics furent successivement détruits ou fort endommagés par le feu des Allemands. Le 25 août, l'évêque de Strasbourg se rendait en parlementaire au camp allemand afin d'obtenir que la ville fut respectée ou qu'au moins les femmes et les enfants en pussent sortir. Cette demande fut repoussée. Le 2 septembre, le général Blot, avec le 87e de ligne, se jetait bravement sur les batteries allemandes, mais il était obligé de se replier après avoir perdu 150 hommes. Dans les premiers jours de septembre, les Allemands, sans interrompre le bombardement, commençaient du côté de l'ouest les opérations du siège d'une manière sérieuse.

Le 11 septembre eut lieu l'intervention touchante d'une députation suisse privée, mais appuyée par le président de la Confédération, à laquelle le général de Werder accorda de négocier la sortie d'un certain nombre d'habitants inoffensifs. 2.000 personnes purent ainsi profiter des sauf-conduits obtenus par les envoyés de la Suisse qui, en se retirant, apprenaient aux Strasbourgeois nos désastres et la chute de l'Empire. Le maire, M. Humann, se retirait devant M. Küss. Le préfet, M. Pron, s'effaçait devant Edmond Valentin, délégué par le gouvernement de la Défense Nationale, qui était parvenu à pénétrer dans Strasbourg en bravant mille périls.

L'ennemi, serrant de plus en plus la place, était déjà maître de positions avancées : le 20 et le 22 septembre, il s'était emparé de la lunette 53 et 52. Déjà, le 18 septembre, la commission municipale avait, la première, invité le général Uhrich à entrer en pourparlers avec l'assiégeant. Le général refusa, mais bientôt il pliait devant la fatalité, et le 27 septembre, il envoyait un négociateur au camp allemand. Strasbourg succombait après 50 jours de résistance. Le 28, la capitulation était signée. La ville ouvrait ses portes et la garnison devenait prisonnière de guerre. La garnison avait perdu 600 hommes, 2.000 blessés ou malades ; le bombardement avait fait 1.500 victimes dans la population civile.

(GUIDE-JOANNE 1913. — HACHETTE ET CIE).

GUERRE DE SIÈGE

RELIEFS D'ÉTUDE

COLLECTION BOITARD

Ces petits reliefs, EXPOSÉS DANS LA GALERIE D'ARÇON (SUD), représentent des scènes de la guerre de siège ; ils ont été construits par Boitard l'aîné (Martin), sur des programmes émanant du Comité des fortifications. On retrouve dans l'ensemble de cette œuvre toute personnelle, les mêmes qualités d'art et d'exactitude, tant pour la représentation de la nature que pour celle des personnages, que dans le relief du passage du pont de Lodi, du même auteur. (Voyez : reliefs commémoratifs.) « Boitard l'aîné est le premier, par le talent, « des artistes qui ont fait partie du personnel de la » Galerie depuis sa création. » (1)

1º *Assaut à la face droite d'un bastion.*

Relief construit à la Galerie en 1805.
Echelle du 144ᵉ.
Dimensions : 1 mètre sur 0 m. 70.

2º *Surprise et escalade, par un temps de neige, d'une ville fortifiée à l'antique.*

Relief construit à la Galerie en 1805.
Echelle du 144ᵉ.
Dimensions : 0 m. 83 sur 0 m. 51.

3º *Attaque et passage de vive force d'un pont retranché.*

Relief construit à la Galerie en 1805.
Echelle du 144ᵉ.
Dimensions : 1 mètre sur 0 m. 82.

---

(1) Lᵗ-Colonel PRUDENT. — *Catalogue de 1900.*

4° *Ruines de Saragosse,*
après le siège de 1808-1809 par les Français.

Relief construit en 1809.
Echelle du 144°
Dimensions : 0 m. 83 sur 0 m. 55.

FORT BATTU EN BRÈCHE

Relief de 0 m. 47 sur 0 m. 38, construit en 1799 à la Galerie, par Gengembre fils (Athanase).
Situation dans le musée : Galerie Fourcroy.

SYSTÈME DE FORTIFICATIONS

(ORDRE CHRONOLOGIQUE
DE LA CONSTRUCTION DES MODÈLES)

Système de Turpin de Crissé (1760) (Cl. M. H.).
M. LE COMTE DE TURPIN DE CRISSÉ,
MARÉCHAL DES CAMPS ET ARMÉES DU ROI ;
INSPECTEUR GÉNÉRAL DE CAVALERIE ET DE DRAGONS

Modèle à l'échelle du 576°, construit à la Galerie en 1760.
Dimensions : 2 m. 50 sur 1 m. 25.
Situation dans le musée : Galerie Vauban.

Système de Lotsy (1765), ingénieur hollandais
(Cl. M. H.).

Modèle à l'échelle du 700°, construit en Hollande, en 1765.
Dimensions : 1 m. 50 sur 1 mètre.
Situation dans le musée : Galerie Vauban.

Système de Carnot aîné (1797) (Cl. M. H.).

Modèle à l'échelle du 375°, construit à la Galerie en 1797.
Dimensions : 2 mètres sur 1 m. 30.
Situation dans le musée : Galerie Vauban.

Système de Brialmont (1860) (Cl. M. H.).

(Front polygonal en site aquatique,
avec ravelin appliqué, a Anvers)

Modèle à l'échelle du 700ᵉ, construit à la Galerie en
1877.
Dimensions : 1 m. 40 sur 2 m. 30.
Situation dans le musée : Salle Haxo.

DÉTAILS DE FORTIFICATIONS

(Nota : ordre chronologique de la construction
des modèles)

Lunette avec réduit de sûreté, dite d'Arçon,
à Metz (Cl. M H.).

Modèle à l'échelle du 144ᵉ, construit à la Galerie
en 1795.
Dimensions : 2 m. 15 sur 1 m. 40.
Situation dans le musée : Galerie Vauban.

Réduit de place d'armes du colonel Laurent,
à Palma Nova.

Modèle à l'échelle du 50ᵉ, construit en 1807.
Dimensions : 0 m. 78 sur 0 m. 77.
Situation dans le musée : Galerie d'Arçon (centre).

Redoute et tour modèle carrée.

Modèle à l'échelle du 100ᵉ, construit à la Galerie
en 1810.
Dimensions : 0 m. 90 sur 0 m. 90.
Situation dans le musée : Galerie d'Arçon (centre).

Tour modèle.

Modèle à l'échelle du 50ᵉ, construit à la Galerie
en 1811.
Dimensions : 1 m. 38 sur 1 m. 15.
Situation dans le musée : Galerie Vauban.

Tour maximilienne du camp retranché
de Linz (conçue par l'archiduc Maximilien
en 1830).

Modèle à pièces mobiles construit à la Galerie en
1845. Echelle du 100ᵉ.
Dimensions : 1 m. 60 sur 1 m. 30.
Situation dans le musée : Galerie Vauban.

Tour crénelée servant de réduit
dans une batterie de côtes (type de 1846).

Modèle à pièces mobiles, construit à la Galerie en
1845. Echelle du 100ᵉ.
Dimensions : 1 m. 30 sur 1 m. 90.
Situation dans le musée : Galerie d'Arçon (nord).

Tour anglaise, dite « tour Martello »
(type de 1805).

Modèle à pièces mobiles, à l'échelle du 100ᵉ, construit à la Galerie en 1846, d'après les dessins du colonel Leblanc.
Dimensions : 0 m. 30 sur 0 m. 30.
Situation dans le musée : Galerie Vauban.

Front polygonal d'Anvers (1860).

Modèle à l'échelle du 1.000ᵉ, construit à la Galerie
en 1876.
Dimensions : 1 m. 10 sur 0 m. 41
Situation dans le musée : Galerie Vauban.

Front de Kœnigsberg (Allemagne) (vers 1875).

Modèle à l'échelle du 1.000ᵉ, construit à la Galerie
en 1877.
Dimensions : 0 m. 92 sur 0m. 50
Situation dans le musée : Galerie Vauban.

Fort Chavagnac (à Cherbourg 1868).

Modèle à l'échelle du 100ᵉ, construit à Cherbourg
en 1866-1867. Donné à la Galerie en 1868 par M. le
Ministre de la Marine.
Dimensions : 1 m. 41 sur 1 m. 11.
Situation dans le musée : Galerie Fourcroy.

Fort demi-permanent autrichien
(type de Cà-vecchia, quadrilatère de Vérone,
vers 1860).

Modèle à l'échelle du 500e, construit à la Galerie en 1877.

Dimensions : 0 m. 80 sur 0 m. 55.

Situation dans le musée : Galerie Vauban.

Fort polygonal allemand, avec fossés
plein d'eau (type de Strasbourg, vers 1875).

Modèle à l'échelle du 500e, construit à la Galerie en 1877.

Dimensions : 1 m. 12 sur 0 m. 72.

Situation dans le musée : Galerie Vauban.

Fort polygonal avec fossés secs
(types de Strasbourg, vers 1875).

Modèle à l'échelle du 500e construit à la Galerie en 1877.

Dimensions : 0 m. 78 sur 0 m. 60.

Situation dans le musée : Galerie Vauban.

Fort polygonal français (type de Sennecey)
(environs de Dijon) vers 1875.

Modèle à l'échelle du 500e, construit à la Galerie en 1877.

Dimensions : 0 m. 77 sur 0 m. 60.

Situation dans le musée : Galerie Vauban.

Fort polygonal allemand avant 1870
(type de Germersheim).

Modèle à l'échelle du 500e, construit à la Galerie en 1878.

Dimensions : 0 m. 80 sur 0 m. 55.

Situation dans le musée : Galerie Vauban.

Fort anglais pour la défense des côtes
(vers 1865).

Modèle à l'échelle du 250e, construit à la Galerie en 1878.

Dimensions : 0 m. 80 sur 0 m. 60.

Situation dans le musée : Galerie Vauban.

Fort détaché d'Anvers (1860).

Deux modèles à l'échelle du 1.000ᵉ, dont l'un, en plâtre blanc, est l'original et l'autre un moulage décoré, exécutés à la Galerie en 1878.
Dimensions : 0 m. 80 sur 0 m. 70.
Situation dans le musée : Galerie Vauban.

Fort bastionné français (type de l'enceinte de Paris de 1840, Charenton).

Modèle à l'échelle du 1.000ᵉ, construit à la Galerie en 1879.
Dimensions : 0 m. 80 sur 0 m. 70.
Situation dans le musée : Galerie Vauban.

Fort polygonal français, avec cavalier (type du camp retranché de Paris (St-Cyr) vers 1875).

Modèle à l'échelle du 500ᵉ, construit à la Galerie en 1879.
Dimensions : 1 m. 25 sur 1 m. 10.
Situation dans le musée : Galerie Vauban.

———

COLLECTION DE MODÈLES RELATIFS A LA GUERRE DE 1914-1918

Situation dans le musée : SALLE CHASSELOUP.

— Tranchée type au 10ᵉ.
Dimensions : 2 m. 30 sur 1 m. 40.

— Tranchée type avec abris spéciaux pour mitrailleurs.
Echelle du 20ᵉ.
Dimensions : 1 m. 70 sur 1 m.

— Elément avancé d'un centre de résistance.
Echelle du 20ᵉ.
Dimensions : 0 m. 80 sur 0 m. 60.

— Blockaus pour mitrailleuses.
Echelle du 20ᵉ.
Dimensions : 0 m. 80 sur 0 m. 60.

— Barrage défensif construit en Woëvre (1915).
Echelle du 20°.
Dimensions : 0 m. 70 sur 0 m. 52.

— Tranchées établies en Lorraine en 1915 par la
2° Division de cavalerie (modèle des).
Echelle du 10°.
Dimensions : 0 m. 93 sur 0 m. 48.

— Baraque Adrian.
Modèle au 10°.
Dimensions : 1 m. 20 sur 1 m. 20.

— Théâtre du Front.
Modèle au 20° d'un des 80 théâtres démontables
créés pendant la guerre par M. Georges Scott.
Dimensions : 0 m. 48 sur 0 m. 68.

Chapitre II

PLANS ET CARTES EN RELIEF
DÉCORÉS CONVENTIONNELLEMENT

(Reliefs topographiques et topologiques,
Cartes en relief, Collections annexes.)

ALGER

Plan directeur en relief a l'échelle du 20.000ᵉ,
construit par le Service des plans-reliefs en 1911

Dimensions : 2 m. 42 sur 1 m. 25.

Situation dans le musée : GALERIE D'ASFELD (Ouest).

Alger, que les Arabes appelent *Al-Djezaïr* (les
iles), parce que son port a été formé par la jonction
de plusieurs îlots, est le siège du gouvernement général de l'Algérie et le chef-lieu du département d'Alger.
Située en amphithéâtre sur le flanc oriental d'une colline escarpée, au fond d'une vaste baie dont les caps
Matifou et Pescade tiennent les extrêmités, elle figure
une sorte de triangle dont le plus grand côté s'appuie
sur la mer, en ayant pour extrêmités le fort Bab-
Azoun au sud, le fort des Vingt-Quatre Heures au
nord ; le sommet de l'angle opposé à ce côté est occupé par la *Kasbah* ou citadelle, qui domine la ville.
Depuis la conquête française, il s'est formé au sud de
la vieille ville une ville neuve et européenne, qui porte
le nom de faubourg *Bab-Azoun.* La ville a pour ouvrage
avancé, au sud-ouest, le *Fort de l'Empereur,* dont la
prise, en 1830, amena la capitulation de la ville. C'est
dans son voisinage, entre le fort Bab-Azoun et Mus-
tapha, que Charles-Quint débarqua en 1541.

Alger paraît être l'ancienne *Icosium,* qui fit partie
de la Mauritanie césarienne. Détruite par les Vandales,
rétablie par les Berbères, elle devint indépendante et
se rendit fameuse par ses pirates.

Une insulte faite par le dernier bey, Hussein, au
représentant de la France, amena la prise d'Alger le
25 juin 1830.

BELFORT

PLAN DIRECTEUR EN RELIEF A L'ÉCHELLE DU 20.000ᵉ,
CONSTRUIT A LA GALERIE EN 1887

Dimensions : 1 m. 69 sur 1 m. 50.

Situation dans le musée : GALERIE d'ARÇON (Nord).

Voyez : Places françaises : BELFORT.

BIZERTE

PLAN DIRECTEUR EN RELIEF A L'ÉCHELLE DU 20.000ᵉ,
CONSTRUIT EN 1903 PAR LE SERVICE DES PLANS-RELIEFS

Dimensions : 2 m. 12 sur 2 m. 23.

Situation dans le musée : GALERIE D'ASFELD (Ouest).

Bizerte, l'antique *Hippo-Zartyos* des Romains, est une jolie ville et un admirable port de guerre situé en Tunisie, sur la Méditerranée et le lac qui porte son nom.

Jadis l'un des plus fréquentés de l'Afrique, le port de Bizerte est aujourd'hui puissamment fortifié.

BRIANÇON (Environs de)

PLAN DIRECTEUR EN RELIEF A L'ÉCHELLE DU 20.000ᵉ,
CONSTRUIT A LA GALERIE EN 1900,
EN VUE DE L'EXPOSITION UNIVERSELLE
(MÉDAILLE D'OR)

L'UNE DES ÉPREUVES DONNE LES SECTIONS HORIZONTALES
AVEC UNE ÉQUIDISTANCE DE 20 MÈTRES

Dimensions : 1 m. sur 1 m.

Situation dans le musée : **GALERIE D'ARÇON (Sud.)**

Voyez : BRIANÇON (Places françaises).

CHAMPAGNE (Front de) (en 1918)

CARTE-RELIEF A L'ÉCHELLE DU 20.000ᵉ,
POUR LA PLANIMÉTRIE ET DU 5.000ᵉ POUR L'ALTIMÉTRIE,
EXÉCUTÉE EN 1917-1918
PAR LE GROUPE DE CANEVAS DE TIR
DE LA IVᵉ ARMÉE

Dimensions : 1 m. 50 sur 3 m. 70.

Situation dans le musée : **GALERIE D'ARÇON (Nord).**

Cette carte en relief donne le front de bataille dit
« front de Champagne » tenu en mai 1918 par la
4ᵉ armée française, à l'est de Reims jusqu'à l'Argonne.

CREPY-EN-LAONNOIS (Environs de)

CARTE EN RELIEF A L'ÉCHELLE DU 5.000ᵉ,
EXÉCUTÉE AUX ARMÉES EN 1918

Dimensions : 0 m. 81 sur 0 m. 81.

Situation dans le musée : **GALERIE D'ARÇON** (Nord).

Ce relief représente le Mont-de-Joie, situé à l'ouest de Crépy-en-Laonnois et au nord de la grande route de Cambrai à Châlons-sur-Marne, derrière lequel s'abritaient en 1918, les pièces allemandes à longue portée, connues sous le nom de « Berthas ». On voit la disposition de ces pièces sur trois voies ferrées reliées à la ligne principale à la station de Crépy-Couvron.

DIJON (Environs de)

DEUX EXEMPLAIRES D'UN RELIEF AU 10.000ᵉ DU MÊME
TERRAIN CONSTRUITS A LA GALERIE EN 1880, A L'AIDE
D'UNE MACHINE-OUTIL ; L'UN EN GRADINS HORIZONTAUX,
ÉQUIDISTANTS DE 5 MÈTRES, L'AUTRE ACHEVÉ
ET DÉCORÉ A L'HUILE

Dimensions : 0 m. 34 sur 0 m. 91.

Situation dans le musée : **GALERIE VAUBAN**

DUNES (Région des)

(Oost-Dunkerke-Bains-Nieuport-Bains)

CARTE EN RELIEF A L'ÉCHELLE DU 5.000ᵉ,
HAUTEURS DOUBLÉES, CONSTRUITE EN 1916
PAR LE GROUPE DE CANEVAS DE TIR
DU 36ᵉ CORPS D'ARMÉE,
LE CAPITAINE D'ARTILLERIE PENEL
ÉTANT CHEF DU GROUPE

Dimensions : 0 m. 34 sur 0 m. 91.

Situation dans le musée : **GALERIE LOUIS-LE-GRAND**

ELBE (Ile d'), partie occidentale

CARTE-RELIEF A L'ÉCHELLE DU 20.000ᵉ,
CONSTRUITE EN 1811 PAR LA BRIGADE
TOPOGRAPHIQUE DU GÉNIE,
SOUS LES ORDRES DU CAPITAINE CLERC

Situation dans le musée : **GALERIE D'ASFELD (Est).**

Ile italienne de la Méditerranée, la plus grande de l'archipel Tyrrhénien, entre la Corse et la Toscane, dont elle est séparée par le canal de Piombino.

L'ile d'Elbe fut possédée tour à tour par les Pisans au IXᵉ siècle, les Génois (1290), les Lucquois, les Espagnols qui la donnèrent en partie à la famille Appiani avec la principauté de Piombino et, enfin, par les rois de Naples qui la perdirent par le traité de Lunéville (1801). Napoléon l'annexa au royaume d'Etrurie, puis à l'empire français. En 1814, elle fut donnée en toute suzeraineté à Napoléon qui y resta jusqu'aux Cent-Jours, du 4 mai 1814 au 26 février 1815.

En 1815, elle fut réunie à la Toscane et passa avec celle-ci au royaume actuel d'Italie (1).

---

(1) Lᵗ-Colonel PRUDENT. — *Catalogue de 1900.*

EPINAL

Plan directeur en relief a l'échelle du 20.000ᵉ,
construit a la Galerie en 1885

Dimensions : 1 m. 90 sur 1 m. 63.

Situation dans le musée : **GALERIE D'ARÇON (Nord).**

Epinal, chef-lieu du département des Vosges est située dans l'étroite et pittoresque vallée de la Moselle, sur les deux rives de cette rivière, qui la divise en trois parties en y formant une île ; elle est dominée par les ruines d'un vieux château et ses environs sont remplis de jolies promenades.

Cette ville doit son origine aux évêques de Metz, dont elle fut longtemps un fief ; elle se donna, au xvᵉ siècle, aux ducs de Lorraine. Elle fut prise par le maréchal de Créqui en 1671, et démantelée.

ESSEILLON (Position de l')

Carte-Relief a l'échelle du 5.000ᵉ,
construite a Chambéry en 1869,
par le sous-lieutenant Suzange,
du 47ᵉ régiment d'infanterie ;
donnée par lui a la Galerie en 1870.

Dimensions : 1 mètre sur 0 m. 75.

Situation dans le musée : **GALERIE D'ARÇON (Sud).**

Les forts de l'Esseillon sont situés en Maurienne (Savoie), à 6 kilomètres E.-N.-E. de Modane, au-dessus de la rive droite de l'Arc, sur un escarpement rocheux entre deux ravins tributaires de cette rivière. Leur mis-

sion est de garder sur le versant septentrional le passage du Mont-Cenis, dont la route longe le cours de
l'Arc.

Construits par le Piémont en 1815 avec la contri-
bution de guerre payée à la France, ces forts nous
ont été cédés avec la Savoie en 1860.

LYON

Plan directeur en relief a l'échelle du 20.000ᵉ,
construit en 1909 par le Service des plans-reliefs

Dimensions : 2 m. 80 sur 2 m. 50.

Situation dans le musée : **GALERIE d'ARÇON (Centre).**

Lyon, ancienne capitale du Lyonnais, chef-lieu du
département du Rhône, est devenu un grand camp
retranché destiné à protéger d'une part la frontière du
Jura et la neutralité de la Suisse, et d'autre part la
frontière des Alpes et les routes d'Italie.

La partie principale de la ville est assise entre le
Rhône et la Saône : c'est le quartier de *Perrache* ; à
droite de la Saône, dans une anse que forme cette
rivière se trouve le Lyon ancien compris principalement sur le plateau de *Fourvières* (*Forum vetus*) s'ap-
puyant au nord sur les hauteurs de *Vaise* dont la pente
méridionale forme un faubourg où arrivent les routes
de Paris ; la troisième partie de Lyon s'étend à la
gauche du Rhône dans la vaste plaine qui borde le
fleuve où se trouvent le quartier des *Brotteaux* et la
ville populeuse de la *Guillotière* où aboutissent les
routes d'Italie et de Provence.

MERRICK (Le)

(Montagne d'Écosse)

~~~~~~~~~~

CARTE EN RELIEF A L'ÉCHELLE DU 10.560e,
EN PLATRE BLANC ET A GRADINS,
PROVENANT D'UNE EXPOSITION UNIVERSELLE ;
AUTEUR ANGLAIS

Dimensions : 0 m. 65 sur 0 m. 90.

Situation dans le musée : SALLE HAXO.

═══════════

METZ (Environs de)

Le Mont Saint-Quentin

~~~~~~~~~~

ECHELLE DU 5.000e,
RELIEF CONSTRUIT EN 1868, PAR MUSSOT,
DESSINATEUR A L'ÉCOLE D'APPLICATION DE METZ

Dimensions : 0 m. 82 sur 0 m. 67.

Situation dans le musée : GALERIE VAUBAN.

═══════════

MONT-BLANC (Massif du)
Aiguilles de Chamonix

PLAN-RELIEF A L'ÉCHELLE DU 4.000°,
CONSTRUIT A LA GALERIE EN 1914,
EN VUE DE L'EXPOSITION UNIVERSELLE DE LYON
ET DÉCORÉ EN 1924 POUR CELLE DE GRENOBLE

CE RELIEF DONNE L'ENSEMBLE DES ROCHERS DE LA MER DE GLACE,
RESTITUÉS D'APRÈS LES DOCUMENTS PHOTOGRAPHIQUES DE M. VALLOT

Dimensions : 0 m. 75 sur 0 m. 50.

Situation dans le musée : GALERIE D'ARÇON (Centre).

MONT-CENIS

PLAN-RELIEF A L'ÉCHELLE DU 5.000°,
CONSTRUIT A LA GALERIE DE 1815 A 1819 ;
RESTAURÉ EN 1851 *(Cl. M. H.)*

Dimensions : 2 m. 56 sur 2 m. 22.

Situation dans le musée : GALERIE D'ARÇON (Sud).

Le Mont-Cenis est un col de la frontière franco-italienne qui livre passage à la grande route de France à Turin. Il fait communiquer la Maurienne (vallée de l'Arc) avec le Val de Suse ou de la Doire Ripaire. Au Mont-Cenis se termine la chaîne des Alpes Cottiennes. Le relief en représente surtout le versant piémontais.

Cenisius (ou *Geminus*) *Mons* des Anciens, le Mont-Cenis est un passage des plus fréquentés que jusqu'en 1802 on ne traversait qu'à dos de mulet. Napoléon y a fait construire, de 1803 à 1810, une superbe route qui mène de Lans-le-Bourg à Suse ; il a aussi agrandi l'hospice qui date de Louis-le-Débonnaire.

Le Mont-Cenis a été franchi en 755 par Pépin-le-Bref, en 774 par Charlemagne et en 877 par Charles-le-Chauve revenant d'Italie.

Le *tunnel du Mont-Cenis*, par où passe le chemin de fer a été percé de 1860 à 1871 ; il se trouve en réalité sous le col de Fréjus ; mais, on avait établi en 1868, provisoirement, au Mont-Cenis même, une voie ferrée à crémaillère qui a fonctionné jusqu'à l'ouverture du grand tunnel.

MONT-CENIS (Col du)

PLAN-RELIEF A L'ÉCHELLE DU 10.000e,
DÉCORÉ AU SERVICE DES PLANS-RELIEFS EN 1923

Dimensions : 0 m. 74 sur 0 m. 60.

Situation dans le musée : **GALERIE D'ARÇON (Centre).**

MONTMÉDY-LONGWY

PLAN DIRECTEUR EN RELIEF .. L'ÉCHELLE DU 20.000e,
CONSTRUIT EN 1914 PAR LE SERVICE DES PLANS-RELIEFS

Dimensions : 2 m. 64 sur 1 m. 25.

Situation dans le musée : **GALERIE D'ARÇON (Nord).**

Montmédy, chef-lieu d'arrondissement du département de la Meuse, est une petite ville forte située sur le

Chiers, et qui se divise en deux parties, toutes deux formées de rues étroites et de petites maisons. Montmédy-Haut, situé sur une colline dont la base est arrosée par le Chiers, a une enceinte bastionnée et des ouvrages avancés ; Montmédy-Bas a une muraille ancienne garnie de tours. Cette ville n'est remarquable que par ses établissements militaires; elle appartient à la France depuis 1659.

Longwy, ville importante du département de la Moselle, est bâtie près du Chiers, et se partage en *ville basse* et *ville haute*. La ville basse n'est qu'une sorte de village où se trouvent des établissements industriels. L'autre agglomération n'était autrefois qu'un vaste château-fort qui fut pris par les Français en 1647 et 1670; Louis XIV le fit détruire pour construire la ville haute sur son emplacement, selon un plan hexagonal régulièrement fortifié.

Longwy n'a rien de remarquable que ses fortifications. Elle fut prise par les Prussiens en 1792; assiégée par eux en 1815, elle dut capituler après un siège héroïque, n'étant défendue que par une faible garnison et les habitants.

ORAN (Environs d')

Carte-Relief muette a l'échelle du 100.000e, pour la planimétrie et du 33.333e, pour les hauteurs, construite en 1885 par Meret, géomètre de la Ville de Paris

Dimensions : 1 m. 45 sur 1 m. 33.

Cette carte-relief représente la partie du département d'Oran desservie par la Compagnie des chemins de fer de l'Ouest-Algérien.

Situation dans le musée : GALERIE LOUIS-LE-GRAND.

Oran, chef-lieu du département de ce nom, en Algérie, est située au fond d'un golfe, sur les deux pentes d'un ravin parcouru par un torrent. Cette ville a été prise par les Espagnols en 1509, et occupée par eux de 1509 à 1708 et de 1732 à 1790. Dans cette dernière année, un tremblement de terre la détruisit; les Espagnols l'évacuèrent alors et les Turcs, qui vinrent l'occuper ensuite, démolirent une partie des maisons. Les Français n'y trouvèrent que des ruines lorsqu'il s'y établirent en 1831.

La ville était alors desservie par le port voisin de Mers-el-Kébir; un port artificiel y a été construit qui a pris rapidement une très grande importance.

PANAMA (Canal de)

Carte-Relief a l'échelle du 100.000e,
pour la planimétrie, hauteurs décuplées ;
construite en 1886, par Muret,
géomètre de la Ville de Paris

Dimensions : 0 m. 63 sur 0 m. 73.

Situation dans le musée : **GALERIE LOUIS-LE-GRAND.**

Panama, ville principale de la république de ce nom, est située sur l'Océan Pacifique, au fond d'une vaste baie, sur l'isthme qui réunit les deux Amériques et que les Andes traversent dans toute sa longueur.

L'isthme de Panama qui a environ 250 kilomètres de longueur, n'a en certains endroits que 66 kilomètres de largeur. Cette étroite langue de terre est sillonnée par un chemin de fer et un important canal transocéanique reliant Colon, sur l'Atlantique, à Panama sur le Pacifique.

PARIS (Ville de)

PLAN-RELIEF A L'ÉCHELLE DU 20.000^e,
POUR LA PLANIMÉTRIE ET DU 3.333^e POUR L'ALTIMÉTRIE,
CONSTRUIT EN 1889 PAR CHARLES MURET,
GÉOMÈTRE DE LA VILLE DE PARIS
DONNÉ A LA GALERIE EN 1920 PAR M. BOBIN

LES COURBES HORIZONTALES SONT ÉQUIDISTANTES DE 1 M.

Dimensions : 1 m. 18 sur 0 m. 92.

Situation dans le musée : SALLE HAXO.

Paris, capitale de la France, s'étend sur les deux rives de la Seine qui décrit à l'intérieur de la ville un vaste demi-cercle la divisant en deux parties inégales : les quartiers de la *rive droite,* au nord, et ceux de la *rive gauche,* au sud.

Il occupe un large bassin et une succession de collines peu élevées qui l'entourent.

Sur la rive droite s'élèvent les hauteurs de Ménilmontant et de Belleville, la butte escarpée de Montmartre, les coteaux de Chaillot, où se dresse l'arc de triomphe de l'Etoile.

Sur la rive gauche, ce sont les hauteurs d'Ivry et de la Butte-au-cailles, séparées par la vallée de la Bièvre des plateaux de Montrouge et du Montparnasse qui se prolongent au nord par l'éperon dit « La montagne Sainte-Geneviève » sur lequel s'élève le Panthéon.

PARIS (Environs de)

PLAN-RELIEF A L'ÉCHELLE DU 20.000e,
CONSTRUIT EN 1906 PAR LE SERVICE DES PLANS-RELIEFS

Dimensions : 3 m. 42 sur 3 m. 12.

Situation dans le musée : **SALLE HAXO.**

Ce plan d'une haute précision, montre tous les travaux de défense (enceinte bastionnée de 1842, forts détachés de 1842 et 1872-74, etc.) qui, constuits autour de la capitale en avaient fait un formidable camp retranché.

PARIS (Camp retranché de)

PLAN DIRECTEUR A L'ÉCHELLE DU 20.000e,
POUR LA PLANIMÉTRIE ET DU 4.000e POUR L'ALTIMÉTRIE

EXÉCUTÉ PENDANT LA GUERRE 1914-1918 PAR LE GROUPE
DE CANEVAS DE TIR DU GOUVERNEMENT MILITAIRE DE PARIS

Dimensions : 4 m. sur 3 m. 15.

Situation dans le musée : **SALLE HAXO.**

PYRÉNÉES ORIENTALES

CARTE EN RELIEF A L'ÉCHELLE DU 80.000ᵉ,
POUR LA PLANIMÉTRIE ET DU 40.000ᵉ POUR L'ALTIMÉTRIE

EXÉCUTÉE EN 1887 A L'ÉTAT-MAJOR DU 16ᵉ CORPS D'ARMÉE SOUS
LA DIRECTION DU CAPITAINE D'INFANTERIE AZÉMA. DON DE L'AUTEUR

L'ÉQUIDISTANCE DES COURBES HORIZONTALES EST DE 40 MÈTRES

Dimensions : 1 m. 73 sur 0 m. 67.

Situation dans le musée : GALERIE D'ARÇON (Sud).

Ce relief figure la chaîne et la zone frontière des Pyrénées orientales.

RÉUNION (Ile de la)

CARTE EN RELIEF A L'ÉCHELLE DU 150.000ᵉ,
EXÉCUTÉE EN 1853 PAR MAILLARD LOUIS,
INGÉNIEUR COLONIAL. DÉCORÉE A LA GALERIE

DON DU MINISTRE DE LA MARINE (1854)

Dimensions : 0 m. 48 sur 0 m. 43.

Situation dans le musée : GALERIE LOUIS-LE-GRAND.

L'île de la Réunion, ci-devant île Bourbon, est située dans l'Océan Indien : c'est une des îles Mascareignes; les autres sont l'île Maurice ou île de France, jadis française, aujourd'hui anglaise, l'île Rodriguez, etc.

L'île de la Réunion fut découverte au XVI° siècle par un navigateur portugais : Péro de *Mascarenhas* dont on a fait par transcription *Mascareignes*, nom donné plus tard à tout l'archipel.

SOKOL (Région du)

CARTE EN RELIEF A L'ÉCHELLE DU 20.000°,
HAUTEURS DÉCUPLÉES ;

CONSTRUITE EN 1918 PAR LE SERVICE TOPOGRAPHIQUE
DES ARMÉES ALLIÉES EN ORIENT

Dimensions : 1 m. 50 sur 0 m. 81.

Situation dans le musée : GALERIE LOUIS-LE-GRAND.

LA SPEZIA

PLAN-RELIEF A L'ÉCHELLE DU 1.000°,
CONSTRUIT EN 1811 A LA GALERIE ;
RESTAURÉ EN 1920 *(Cl. M. H.)*

CE RELIEF CONSTRUIT SUR L'ORDRE DE NAPOLÉON I°',
SOUS LA DIRECTION DE M. LE CAPITAINE DU GÉNIE CLERC,
COMMANDANT LA BRIGADE TOPOGRAPHIQUE, EST LE PREMIER
POUR LEQUEL ON AIT UTILISÉ LE PROCÉDÉ DES COURBES DE NIVEAU.
A SON ACHÉVEMENT IL FUT PRÉSENTÉ A L'EMPEREUR,
AU PALAIS DES TUILERIES

Dimensions : 7 m. 53 sur 4 m. 04.

Situation dans le musée : GALERIE D'ASFELD (Est).

La baie de la Spezia (ou Spezzia) donne sur le golfe de Gênes ; elle est formée par une ramification des Apennins qui, se détachant de la chaîne principale et courant le long du littoral, se partage en deux branches dont l'une, celle de l'ouest, s'avance dans la mer et aboutit à la pointe de Porto-Venere, que prolongent l'île Palmaria et les îlots de Tino et de Tinetto. C'est un des bassins naturels les plus vastes et les plus sûrs du globe, il forme sept ports, est bien abrité des vents et facile à défendre. Les Italiens en ont fait une place forte et un arsenal maritime de premier ordre en remplaçant les anciennes fortifications par des nouvelles, sauf les forts de Santa-Maria et de Palmaria qu'ils ont conservés, et en y ajoutant de nombreux ouvrages de défense, principalement sur les hauteurs de la rive orientale qui est couverte d'arsenaux et de chantiers de construction.

Le port de la Spezia était déjà connu du temps de Ptolémée sous le nom de *Portus Lunae* ; Napoléon voulait en faire le principal port militaire de l'Empire sur la Méditerranée ; ses ministres y mirent opposition pour ne pas nuire à Toulon. En 1855, le gouvernement sarde reprit pour son compte le projet de l'empereur et transporta de Gênes à la Spezia son arsenal maritime.

LA SPEZIA (partie de)

PLAN-RELIEF A L'ÉCHELLE DU 1.000ᵉ,
CONSTRUIT EN 1811 A LA GALERIE ET REPRODUISANT
UNE PARTIE DU PRÉCÉDENT,
MAIS AVEC UNE DÉCORATION COMPLÈTE

Dimensions : 2 m. 58 sur 1 m. 58.

LA SPEZIA (Ile Tino)

Plan-Relief a l'échelle du 1.000e,
construit en 1811 par la Brigade topographique
du génie ; décoré a la Galerie

Dimensions : 0 m. 72 sur 0 m. 45.

LA SPEZIA

Carte-Relief a l'échelle du 25.000e,
construite par le capitaine Aublet
et offerte par lui a la Galerie, en 1894

SUEZ (Canal maritime de)

Plan-Relief a l'échelle du 20.000e,
pour la planimétrie *(Cl. M. H.)*

construit en 1878 et donné a la Galerie en 1910
par le Conseil d'administration de la Société du Canal de Suez

Dimensions : 1 m. 25 sur 8 m. 55.

Situation dans le musée : **GALERIE LOUIS-LE-GRAND.**

Suez, petite ville d'Egypte située sur la mer Rouge
et l'isthme de Suez qui rattache l'Afrique à l'Asie sert
d'entrepôt entre l'Egypte et l'Arabie.

Suez fut, sous le nom d'*Arsinoé*, puis sous celui de *Cléopatride*, l'une des villes les plus florissantes sous le règne des Ptolémées. C'était à son port qu'aboutissait le célèbre canal commencé par Néchos et terminé par Ptolémée-Philadelphe. Ce canal qui mettait le Nil en communication avec Suez était complètement abandonné depuis le vii° siècle. En 1854, un Français, Ferdinand de Lesseps conçut le projet d'un canal entièrement maritime à travers l'isthme de Suez. Ce projet tracé en 1855, adopté en 1856 par le vice-roi d'Egypte Mohammed-Saïd, fut mis heureusement à exécution malgré des obstacles de tout genre et le canal fut inauguré en 1869.

Le canal partant de Port-Saïd sur la Méditerranée se rend directement à Suez en traversant le lac Amer et le lac Timsah transformé en un grand port intérieur et où se trouve la ville d'Ismaïlia ; il a environ 160 kilomètres de long et 75 mètres de large.

SUISSE (Fragments de la)

Alpes bernoises.

Echelle du 80.000°.
Dimensions : 0 m. 48 sur 0 m. 73.

Oberland et Valais.

Echelle du 80.000°.
Dimensions : 0 m. 56 sur 0 m. 73.
Situation dans le musée : Galerie d'Arçon (sud).

TOUL

PLAN DIRECTEUR EN RELIEF A L'ÉCHELLE DU 20.000°, CONSTRUIT A LA GALERIE EN 1882

Dimensions : 1 m. 50 sur 1 m. 66.

Situation dans le musée : **GALERIE D'ARÇON** (Centre)

Voyez : Places françaises : TOUL.

TOULON (Environs de)

CARTE EN RELIEF A L'ÉCHELLE DU 20.000^e,
EXÉCUTÉE EN 1885 A LA PRÉFECTURE MARITIME
DU Ve ARRONDISSEMENT

L'ÉQUIDISTANCE OROGRAPHIQUE ET HYDROGRAPHIQUE
DES COURBES EST DE 10 MÈTRES

Dimensions : 1 m. 67 sur 1 m. 26.

Situation dans le musée : GALERIE FOURCROY.

Voyez : TOULON (Places françaises.)

VERDUN

PLAN-DIRECTEUR EN RELIEF A L'ÉCHELLE DU 20.000^e
CONSTRUIT A LA GALERIE EN 1881

Dimensions : 1 m. 70 sur 1 m. 35.

Situation dans le musée : GALERIE D'ARÇON (Centre)

Voyez : Places françaises : VERDUN.

VILLEFRANCHE (Rade de)

CARTE-RELIEF A L'ÉCHELLE DU 14.400ᵉ

MOULAGE EN CARTON-PIERRE EXÉCUTÉ A LA GALERIE EN 1845,
SUR UN RELIEF EN CIRE CONSTRUIT PAR GARZIA, ARTISTE ESPAGNOL

Situation dans le musée : GALERIE D'ASFELD (Ouest).

La citadelle de Villefranche, déclassée en 1889, est située dans le département des Alpes-Maritimes, au fond d'une belle rade que ferme, à l'est, la presqu'île Saint-Jean longue de 3 kilomètres.

Cette ville qui faisait autrefois partie de la Provence, fut fondée par Charles II d'Anjou, comte de Provence et roi de Sicile. Prise en 1691 par les Français sur le duc de Savoie et, en 1792, par le Général de Monstesquiou-Fezensac qui commandait l'armée du Midi, elle fut attribuée en 1814 au roi de Sardaigne avec le comté de Nice ; elle fit retour à la France en 1860.

VOSGES MÉRIDIONALES

CARTE EN RELIEF A L'ÉCHELLE DU 20.000ᵉ,
CONSTRUITE A LA GALERIE EN 1895

Dimensions : 0 m. 50 sur 0 m. 84.

Situation dans le musée : Vestibule d'entrée.

RELIEFS TOPOLOGIQUES

Héricourt (terrain des environs d'),
(Collines de Belfort).

Carte en relief à l'échelle du 20.000ᵉ, construite à
la Galerie en 1890, avec teintes géologiques par le Général de La Noë, directeur du Service Géographique de
l'Armée.

Dimensions : 0 m. 84 sur 0 m. 50.

Situation dans le musée : vestibule d'entrée.

Lomont (Le), (Plateau du Jura).

Carte en relief à l'échelle du 20.000ᵉ, construite à
la Galerie en 1892, avec teintes géologiques par le Général de La Noë, directeur du Service Géographique de
l'Armée.

Dimensions : 0 m. 67 sur 0 m. 50.

Situation dans le musée : vestibule d'entrée.

Jura Bernois (Cluses d'Undervélier).

Deux cartes en relief à l'échelle du 20.000ᵉ, construites à la Galerie en 1892. L'une de ces cartes en
relief porte les teintes géologiques d'après les tracés
de M. Kilian, professeur à la Faculté des sciences de
Grenoble.

Dimensions : 0 m. 65 sur 0 m. 24.

Situation dans le musée : vestibule d'entrée.

Jura Bernois (Cluse d'Undervélier).

Carte en relief à l'échelle du 10.000ᵉ, construite à
la Galerie en 1892.

Dimensions : 0 m. 30 sur 0 m. 35.

Situation dans le musée : salle Haxo.

COLLECTION BARDIN

Bardin (Libre), (1794-1867) savant et homme politique, professeur à l'Ecole polytechnique, exécuta, de oe 1844 à 1860, l'ensemble de cette collection ; les reliefs qui la composent sont des moulages dont les originaux, qui existent encore à l'Ecole nationale des Mines, avaient été destinés par leur auteur à servir à l'étude comparée de la topographie et de la géologie.

La collection exposée à la Galerie (Salle Haxo), a été offerte en 1879 par Madame Bardin, veuve de l'auteur.

Auvergne : les Monts Dôme.

Echelle du 40.000°.
Dimensions : 0 m. 80 sur 0 m. 50.

Alpes : massif de la Grande-Chartreuse.

Echelle du 40.000°.
Dimensions : 1 m. 50 sur 0 m. 80.

Alpes : Mont-Blanc.

Echelle du 40.000°.
Dimensions : 1 m. sur 0 m. 80.

Jura : fragment de la partie culminante de la chaîne.

Echelle du 40.000°.
Dimensions : 0 m. 80 sur 0 m. 50.
Trois exemplaires du même terrain : 1° relief à gradins ; 2° relief à gradins comblés ; 3° relief avec les teintes géologiques.

Pyrénées : environs de Bagnères.

Echelle du 40.000°.
Dimensions : 1 m. 50 sur 0 m. 80.

Vosges : fragment.

Echelle du 40.000°.
Dimensions : 1 m. 60 sur 1 m. 50.
Ces six premiers reliefs ont été construits d'après les minutes du Dépôt de la Guerre.

Port-Cros (Ile de), une des îles d'Hyères.

Echelle du 10.000°.
Dimensions : 0 m. 53 sur 0 m. 40.

Metz (environs de) : le Mont Saint-Quentin.

Echelle du 5.000°
Dimensions : 0 m. 64 sur 0 m. 64.

Deux exemplaires du même terrain, un en blanc, l'autre décoré.
Echelle du 10.000°.
Dimensions : 0 m. 34 sur 0 m. 34.

Deux exemplaires du même terrain, un en courbes, l'autre en hachures.

Rochers (études de).

Cinq petits reliefs sans échelle.

TABLE DES MATIÈRES

Notices explicatives et historiques.

PLAN-RELIEF DE BESANÇON

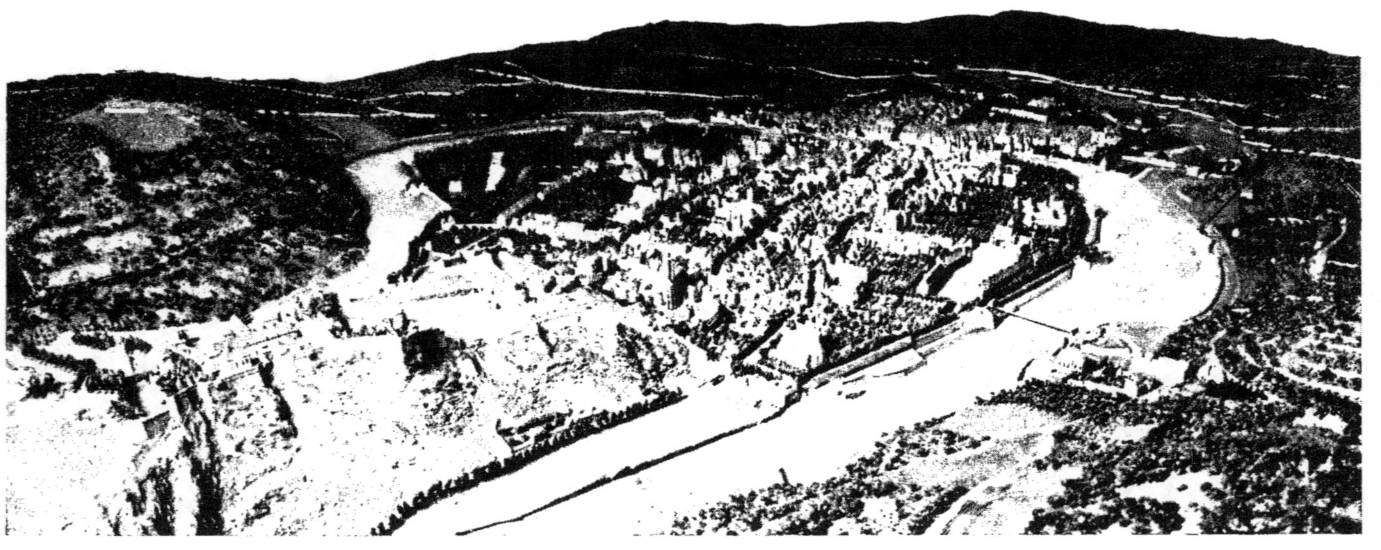

Cliché de "LA CITÉ"

PLAN-RELIEF DE BERGUES

Cliché de " LA CITÉ "

PLAN-RELIEF DE GRENOBLE

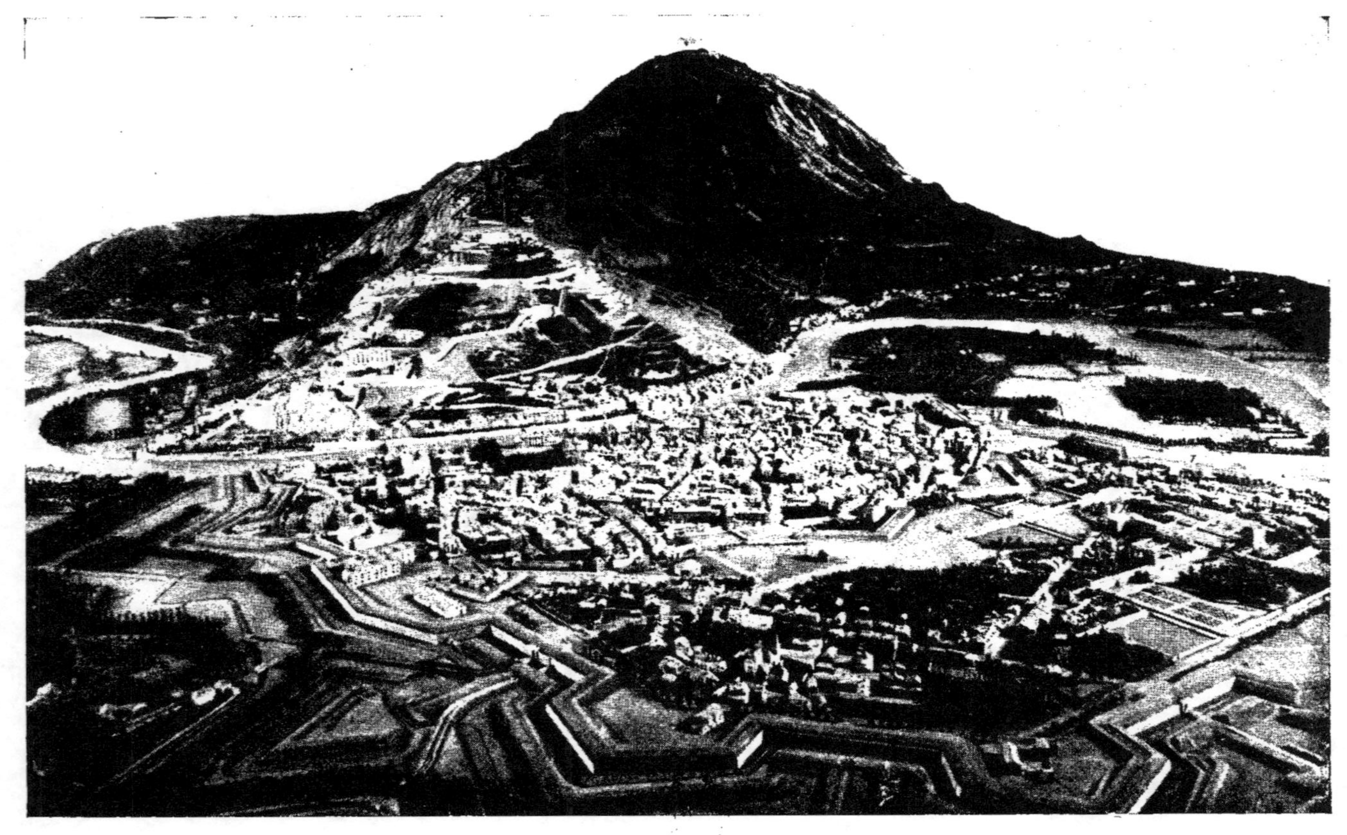

Cliché de "LA CITÉ"

PLAN-RELIEF DE VERDUN

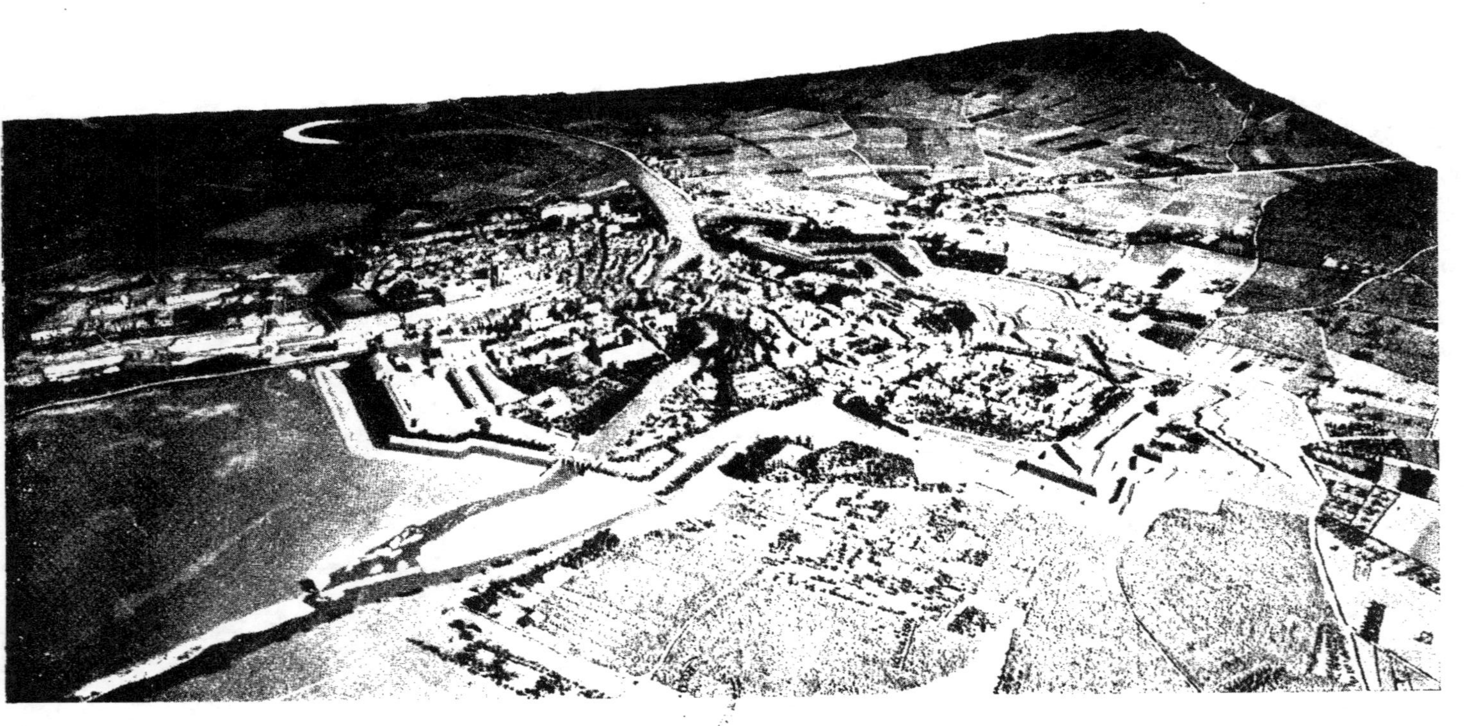

Cliché de " LA CITÉ "